BIENVENIDO A PRAGA

AF193860

Detalle ampliado del reloj astronómico de Praga.
Yingko/Getty Images Plus

Llegar a Praga

En avión

El **Aeropuerto Internacional Václav Havel** de Praga está situado en Ruzyně, a unos 15 km al oeste del centro de la ciudad.
Información – ☏ 220 111 888 - *www.prg.aero*.
☉ *Llegar en avión (pág. 116)*.

Transporte público

Al salir de la terminal de llegadas, toma el **autobús n.º 59** (de 04:30 a 00:30 h, cada 20 min) hasta la terminal Nádraží Veleslavín. Ahí, toma el **metro** (línea A) que te llevará a Malá Strana (parada Malostranská – **C3**) y a Staré Město (parada Staroměstská – **D3** o Mustek – **E4**). Calcula aprox. 45 min.
Otra opción es la del **autobús n.º 100** que llega a la estación de metro Zličín, terminal de la línea C, que también llega hasta el centro de la ciudad.
☉ *Mapa extraíble*.
De **noche**, el **autobús n.º 910** (autobús cada 30 - 60 min) te deja en la estación Divoká Šárka, para luego tomar el **tranvía nocturno n.º 91** que llega al centro (Náměstí Republiky - **E3**, Václavské Náměstí - **E4**).
Los billetes son válidos durante 90 min y cuestan 40 Kč, de día o de noche. Pueden comprarse en el aeropuerto. Si la taquilla está cerrada, utiliza las máquinas expendedoras del vestíbulo, junto a la parada de autobús. Quizá un abono de transporte se ajuste más a tus necesidades.

Aeropuerto Express (AE)

Estos autobuses van del aeropuerto a la estación central de Praga (estación de metro Hlavní nádraží, línea C - **F4**) cada 30 min de 05:30 a 22:00 h, con un coste de 100 Kč por persona (se venden en el autobús).
Información – ☏ 221 111 122 - *www.cd.cz*.

Taxi

La opción más rápida y la más cara. Desde 2023, el Aeropuerto de Praga tiene un acuerdo exclusivo con Uber. Espera pagar 750 Kč (30 €) si reservas tu vehículo con antelación, o entre 650 y 850 Kč (26 y 34 €) según la demanda y el tráfico si lo tomas al llegar.
Información – *www.welcomepickups. com/prague/airport-taxi, www.uber.com*.
☉ *Taxi (pág. 122)*.

Cómo moverse
☉ *pág. 122*.
Horario - Metro de 05:00 a 00.00 h; tranvía de 05:00 a 00:30 h; autobús de 04:30 a 0:30 h (luego servicio nocturno).
Tarifas - 30 min 30 Kč, 90 min 40 Kč. Abonos de 1 día (120 Kč) o de 3 días (320 Kč), válidos en toda la red de transporte.
Prague Visitor Pass: acceso ilimitado a toda la red de Praga durante 3 días (☉ *pág. 119*).

Tranvía de Praga.
borchee/Getty Images Plus

No puedes perderte
Los lugares más bonitos elegidos para ti

★★★ Puente de Carlos
Plano CD3-4 - pág. 35

★★★ Castillo de Praga
Plano BC2-3 - pág. 45

★★★ Plaza de la Ciudad Vie
Plano DE3 - pág. 14

★★★ Plaza de Wenceslao
Plano E4-5 - pág. 60

★★★ Casa Municipal
Plano E3 - pág. 19

★★★ **Museo de Arte Contemporáneo**
Plano F1 - pág. 82

★★★ **Malá Strana**
Plano BC3-4 - págs. 37 y 55

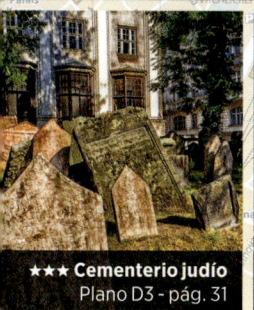

★★★ **Cementerio judío**
Plano D3 - pág. 31

★★★ **Loreto**
Plano B3 - pág. 53

★★★ **Teatro Nacional**
Plano D4-5 - pág. 72

Nuestros favoritos

💛 **Sube al Castillo y contempla las impresionantes vistas sobre la ciudad.** Construido sobre una colina, es uno de los miradores más bellos de Praga. 🕐 *pág. 45.*

💛 **Acude al Festival de Primavera de Praga.** ¡Una cita ineludible con la música clásica! Este festival, que se celebra cada año entre mediados de mayo y principios de junio, combina a la perfección estrellas internacionales y músicos locales. Es la ocasión para descubrir las grandes salas de conciertos de Praga (Rudolfinum, Sala Dvořák en el ayuntamiento) y otros lugares bajo una luz inusual (Sala Española del Castillo). 🕐 *pág. 126.*

💛 **Vive la experiencia de un *biergarten*.** Tan pronto como llega el buen tiempo en abril, los *beer gardens* florecen en los parques de la ciudad. Siéntate en el de Letná, con sus mesas largas y acogedoras: ofrece una vista espectacular del casco antiguo y de los puentes que bordean el río. 🕐 *pág. 81.*

💛 **Asiste a un espectáculo de marionetas de madera** con (o sin) niños en el pequeño teatro de Špejbl y Hurvínek. La atracción es tan variada como el público, y tan entretenida como una película. Una gran tradición checa. 🕐 *pág. 147.*

💛 **Pasea por la colina de Petřín.** Situada al sur del Castillo y al este de Malá Strana, esta vasta colina ofrece paseos por caminos rurales, y hermosas vistas del Castillo, la Abadía de Strahov y de los muelles del río que pasa por debajo. 🕐 *pág. 58.*

💛 **Cruza el Puente de Carlos a primera hora de la mañana.** El puente está tan concurrido que tiende a ocultar la atmósfera misteriosa que retratan las novelas. Visítalo cuando los turistas aún no han puesto un pie fuera y la bruma no se ha disipado del todo. ¡Es cautivador! 🕐 *pág. 35.*

J.-P. Lescourret/hemis.fr

El Café Imperial.

Barcas a pedales por el río Moldava.

💙 **Navega por el Moldava.** Es una forma relajante y diferente de ver Praga desde otra perspectiva. Hay barcos, botes de remos y a pedales para todos los gustos. ℭ *págs. 118 y 124.*

💛 **Haz una pausa en un gran café.** Estos suntuosos establecimientos te transportarán a la época de la monarquía austrohúngara. Elige entre el Café Imperial, de estilo *art nouveau*, el Café Savoy, decorado con elementos neorrenacentistas y dorados, o el Grand Café Orient, de inspiración cubista. ℭ *págs. 99, 98 y 96.*

💛 **Descubre el mobiliario cubista checo.** Desde la arquitectura al diseño, el cubismo ha dejado su huella en el país. La tienda Kubista, situada en la Casa de la Madona Negra, ofrece una excelente selección de piezas restauradas y varias reproducciones. ℭ *págs. 22 y 102.*

💛 **Vive la cultura de la cerveza en un *pivovary*.** No dudes en sentarte en mesas ya ocupadas de la animada y ruidosa cervecería, donde podrás hablar en inglés con los praguenses. Los lugareños visitan locales como U Zlatého tygra. ℭ *pág. 96.*

Praga en 3 días

Día 1

▶ Por la mañana

Empieza temprano (antes de las 09:00 h) en el **Puente de Carlos★★★** (*pág. 35*). Sigue por la calle Karlova hasta llegar a la **Pequeña Plaza★** (*pág. 17*), con su pozo central, y a la **Plaza de la Ciudad Vieja★★★** (*pág. 14*), donde podrás admirar la torre del ayuntamiento y su **Reloj astronómico★★★** (*pág. 16*).
A continuación, baja por la estrecha calle Týnská hasta el **Patio Týn★** (*pág. 18*) para hacer una pausa o ir de compras. De vuelta a la plaza, toma la elegante calle Celetná, que conduce a la **Casa de la Madona Negra★** sede del Museo del Cubismo Checo (*pág. 22*). Continúa hasta el **Ayuntamiento** (*pág. 19*).

▶ Mediodía

Toma la calle **Na Příkopě★★** (*pág. 68*), donde se encuentra una de las tiendas Moser (*pág. 105*), la mejor tienda de cristales de Bohemia, luego la calle Řijna y almuerza en el barrio.
Visita el **Jardín de los Franciscanos★**, detrás de la Iglesia de **Nuestra Señora de las Nieves★** (*pág. 62*). Sal al otro lado de este remanso de paz para admirar la **Plaza de Wenceslao★★★** (*pág. 60*) con sus fachadas funcionalistas (Bat'a), de secesion (Koruna) y *art nouveau* (Hôtel Evropa), antes de detenerte a admirar el monumento a Jan Palach. Admira la **estatua de San Wenceslao★★** (*pág. 63*).

La zona está llena de tiendas. Camina por la calle Štěpánská hasta la entrada del pasaje Lucerna. A su izquierda, disfruta de la vista del **ascensor paternoster** (*pág. 62*), que cada vez son más raros en Europa. Echa un vistazo a la estatua colgante de San Wenceslao. En la galería, puedes comprar vino en Cellarius (*pág. 106*) y tomar un café. Sal por la calle Vodičková.

▶ Por la tarde

Visita el **Museo Nacional★★** (*pág. 66*) y, a continuación, baja hasta la **Plaza Carlos★** (Karlovo náměstí) y admira el

Sinagoga Vieja-Nueva, Josefov.

Ayuntamiento de la Ciudad Nueva★ (*pág. 74*). Cena entre la Plaza de Wenceslao y la Plaza Carlos.

▶ **Por la noche**

A pie o en el tranvía 10, visita la Plaza Palackého, desde donde podrás subir por los muelles hasta el **Teatro Nacional★★★** (*pág. 72*). ¿Por qué no asistir a una ópera?

Día 2

▶ **Por la mañana**

Toma el tranvía 22 hasta la parada Pohořelec. Sigue por la calle Černínská y llegarás al tranquilo y romántico barrio del **Nový Svět** (*pág. 54*), una oportunidad para dar un agradable paseo. A continuación, dirígete al **Castillo★★★** (*pág. 45*), donde podrás admirar la Catedral de San Vito, el Salón de Vladislao, la Basílica de San Jorge y el Callejón del Oro. Si te queda algo de tiempo, visita la exposición de antiguos maestros en los palacios **Schwartzenberg★★** (*pág. 50*) y **Sternberg★** (*pág. 51*). Al final de tu visita, baja por las **escaleras★★** (*pág. 44*) que conducen a la ciudad baja; como alternativa, camina a lo largo de las murallas hasta la entrada de los jardines bajo el **Castillo** (*pág. 42*), que conducen a la ciudad baja. Saldrás por un antiguo palacio de Malá Strana. Almuerza en el barrio.

▶ **Por la tarde**

En la **Plaza Malá Strana★★** (*pág. 38*), admira las fachadas de los palacios barrocos. Después, dirígete a la entrada de la **Iglesia de San Nicolás★★★** (*pág. 38*), al otro lado de la plaza.

El barrio es un laberinto de calles que se entrecruzan. Visita la **Iglesia de Nuestra Señora de la Victoria - Niño Jesús de Praga** (*pág. 56*). Dirígete hacia el norte, toma la calle Prokopská que da a la elegante **Plaza de Malta** (*pág. 56*) con la enorme iglesia de **Nuestra Señora bajo la Cadena** (*pág. 55*) al fondo. Continúa por la **Plaza del Gran Priorato★★** (*pág. 55*), donde está el **Palacio Bucquoy★**. En caso de mal tiempo, visita el **Museo Checo de Música** (*pág. 57*) y el **Museo Kampa★★** (*pág. 36*).

▶ **Por la noche**

Cena en el **Parque de Kampa★** (*pág. 36*) o sus alrededores, y luego pasea junto al río. Admira el reflejo de las luces de la ciudad en el Moldava.

Día 3

▶ **Por la mañana**

Visita el **Palacio de Ferias - Museo de Arte Moderno y Contemporáneo★★★** (*pág. 82*). Cruza el **Parque de Letná★** (*pág. 81*), puedes comer aquí. Regresa a Dlouhá en el tranvía 24.

▶ **Por la tarde**

Excepto los viernes, visita el barrio judío, **Josefov★★★** (*pág. 28*). No te pierdas la **Sinagoga española★★** y el **Convento de Santa Inés de Bohemia★★★** (*pág. 34*), que alberga una colección de arte medieval de Bohemia y Europa Central. Termina visitando el **Clementinum★★** (*pág. 24*).

▶ **Por la noche**

Un concierto en el **Rudolfinum★** (*pág. 32*), la primera gran sala de conciertos de Praga y con la mejor acústica de la ciudad.

9

VISITAR PRAGA

Plaza de la Ciudad Vieja.
Eloi_Omella/Getty Images Plus

Praga hoy

¿Qué ha sido de la antigua Praga?
A un viajero anterior a 1989 le costaría reconocer la capital de los años comunistas. Atrás quedaron los cortes de luz en el metro, los olores a carbón en las calles y las redes de las mansiones barrocas en ruinas asegurando estatuas a punto de caer. En pocos años, los muros grises dieron paso a fachadas de colores, todas recién restauradas. En 1992, el centro histórico fue declarado Patrimonio de la Humanidad por la UNESCO, coronando el esfuerzo de restauración. Con su casco antiguo bien conservado, Praga es una de las capitales más bellas de Europa. Es un centro internacional de negocios y un destino turístico codiciado. Pero la Praga de hoy, moderna y dinámica, no ha borrado en absoluto a la de ayer, llena de encanto y de nostalgia.

¿Una ciudad museo?

Praga está hoy tan bien restaurada que es difícil no hacer esta asociación. Se afirma que el centro está entregado a extranjeros y abandonado por los pragueses. Es cierto que se ha vuelto caro y que sus habitantes, amantes de la naturaleza, tienen tendencia a preferir la periferia, mucho más verde. Sin embargo, la realidad es la de una ciudad auténtica y de un centro todavía habitado, mayoritariamente por locales.

Praga y sus tópicos

Praga es una ciudad con un encanto incomparable. Irresistiblemente, como todos los visitantes que vienen a descubrir la capital checa, tus primeros pasos te conducirán a través de la **Ciudad Vieja** (Staré Město) hacia el Puente de Carlos, símbolo secular de la ciudad y sublime expresión del arte barroco. Al subir luego lentamente las sinuosas callejuelas de **Malá Strana** hasta el Castillo, no podrás discernir sueño de realidad. ¿Escenario de teatro o capital moderna del Estado de Bohemia? Ciudad maravillosa donde las estatuas parecen tan vivas como los seres humanos, donde una peculiar puerta se abre a jardines de cuento y donde las fachadas de los palacios esconden las más preciosas joyas.
Subir al **Castillo** es la oportunidad para admirar la vista sobre la «ciudad dorada», calificativo que se debe al color de las tejas de sus tejados.
En invierno, la composición es aún más mágica: ninguna ciudad del mundo viste con más gracia su manto de nieve. También se puede buscar el espíritu de Praga en los acogedores cafés literarios, o en la eterna atmósfera de los míticos *hospody* donde se sirve la famosa cerveza de Bohemia.

Fuera de los itinerarios turísticos

Vivir Praga es remontar el curso del tiempo recorriendo sus dos orillas: a la izquierda, una verde colina frente a la imponente silueta del Castillo, a la derecha, una llanura urbanizada con el casco antiguo en primer plano ocultando la Ciudad Nueva.

Escalera que conduce al Nový Svět, barrio de Malá Strana.

A un lado y al otro, campanarios, cúpulas, pináculos que apuntan hacia el cielo, fachadas resaltadas en tonos pastel, decoradas con esculturas o esgrafiadas. Su riqueza arquitectónica entrelaza estilos y épocas y no deja de sorprender.

Pero descubrir Praga es también ir contra la corriente de la avalancha de visitantes. No dudes en adentrarte en los pasajes (*pasáž*) que conducen de una calle a la otra o arriesgarte a entrar en los patios que a veces albergan galerías (*pavláč*). Fuera de lo más turístico no es raro encontrarse en una calle auténtica de la Ciudad Vieja, cerca de la calle Karlova o Malá Strana, o en el romántico barrio de Nový Svět, muy cerca del Castillo.

Un momento excepcional se produce durante la **Primavera de Praga**, un festival de música de gran renombre que ofrece la ocasión de entrar en lugares extraordinarios y vivir experiencias increíbles gracias a la imaginación creativa que siempre ha florecido en Praga, no hay sitio mejor para entender la música. Fue en Praga donde Smetana, Dvořák y Janáček se hicieron famosos, y fue en el teatro Nostitz, el actual teatro estatal, donde fue tocado por primera vez el *Don Giovanni* de Mozart en 1787.

Una ciudad entrañable

«Praga no te deja escapar […] esta madrecita tiene garras», escribió Franz Kafka. Con cualquier estancia, por corta que sea, lo entenderás. Esta capital, donde se produjo la **Revolución de Terciopelo** en 1989, sigue expandiéndose, lista para acoger, intercambiar y compartir. Ha sabido establecer puentes que han resistido el paso del tiempo para mantener firme su identidad. Pasa por el Puente de Carlos, en un momento en el que aún no haya sido invadido por la aglomeración de turistas, y déjate sorprender por la mezcla de leyenda y realidad. Disfrutar de Praga es simplemente eso: dejarse llevar por el encanto de una ciudad enraizada en el pasado y decididamente moderna, donde las marcas internacionales se codean con los cafés *art nouveau*, donde los *food trucks* ocupan antiguos mataderos y los suburbios albergan centros de arte vanguardista.

Plaza de la Ciudad Vieja★★★

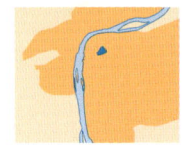

(Staroměstské náměstí)

Compuesta por mansiones históricas, dos grandes iglesias y la alta torre del ayuntamiento, esta vasta plaza pavimentada es el corazón del casco antiguo. Las calles y callejuelas que datan de la Edad Media se llenan de transeúntes: es el lugar más frecuentado de Praga. Los jóvenes se agrupan alrededor del monumento a Jan Hus, los turistas se relajan en las mesas de los restaurantes y de los cafés, y, cada hora, una multitud se reúne alrededor del famoso reloj astronómico. Esta plaza tiene un carácter teatral, una impresión que se acentúa por la noche, cuando se iluminan los viejos edificios y las iglesias.

▶**Acceso:** Ⓜ Staroměstská, Můstek, Náměstí Republiky.

Plano del barrio págs. 20-21. Mapa extraíble DE3.

▶**Consejo:** ¿Buscas información sobre Praga ? Dirígete al ayuntamiento, que alberga la oficina de turismo (☞ *pág. 119*).

14

Plaza de la Ciudad Vieja ★★★
(Staroměstské náměstí)

De forma rectangular, la plaza llegó a mostrar cierta coherencia arquitectónica en el pasado. Sus casas parecían similares y los callejones, al acercarse en ángulo, evitaban la fuga de perspectivas. Diseñada para ser vista de cerca, la fachada de la **Iglesia de San Nicolás** (☞ *pág. 17*) estaba escondida al final de una calle lateral. A principios del siglo xx, la parte norte de la plaza fue remodelada durante la renovación del gueto. Además, la creación de la calle París (☞ *pág. 28*) abrió un espacio hacia el río y la meseta de Letná. Finalmente, la destrucción del ala este del ayuntamiento durante los combates de mayo de 1945 dejó al descubierto la fachada de San Nicolás.

Monumento a Jan Hus ★★
(Pomník Jana Husa)

En el centro de la plaza se alza esta estatua de **Ladislav Šaloun**, quien le dedicó doce años de trabajo. Inaugurada el 6 de julio de 1915 con motivo del 500° aniversario de la muerte de **Jan Hus** (1370-1415), esta obra evoca la rectitud y el valor del reformador, excomulgado en 1411, condenado por herejía y quemado vivo en Constanza en 1415. Se le representa rodeado de sus seguidores checos, obligados a exiliarse por escuchar sus predicaciones en la Iglesia de Belén.

Ayuntamiento ★
(Staroměstská radnice)

Acceso a través de la oficina de turismo - ☎ 236 002 629 - de 11:00 a 19:00 h, lu. desde las 10:00 h; de abril a diciembre de 09:00 a 20:00 h, (los vestíbulos cierran una hora antes) - Entrada para el ayuntamiento y la Torre del Reloj 300 Kč (suplemento por ascensor 100 Kč).

☺ *La visita incluye la torre, una capilla gótica, varias salas históricas, el mecanismo del reloj astronómico visto desde el interior y pasadizos subterráneos románico-góticos.*

El permiso para construir un ayuntamiento no se concedió hasta 1338, y la primera casa se compró y reformó en 1360. Poco después la **torre** (70 m) fue ampliada y dotada de un patio a principios del siglo XV para albergar el reloj astronómico.

A medida que se fueron adquiriendo las casas vecinas, el ayuntamiento fue creciendo hasta formar el heterogéneo conjunto arquitectónico que se puede contemplar hoy en día. Sin embargo, una parte del edificio principal que da a la plaza fue destruida por los alemanes en 1945. En la actualidad, la planta baja del ayuntamiento alberga la **oficina de turismo**. En lo alto de la torre, una galería tiene una **vista★★** maravillosa. El primer edificio adyacente a la torre tiene una **capilla con ménsulas★** de mediados del siglo XIV. La casa Mikeš (1458) fue reconstruida a finales del siglo XIX en estilo neorrenacentista. En 1830, el Ayuntamiento adquirió la casa vecina, la **Casa del Gallo (U kohouta)**, cuya fachada fue remodelada en estilo imperio. La **Casa del Minuto (U minuty)** posee una

magnífica fachada decorada con esgrafiados. Data de 1611, fue adquirida en 1896 y se convirtió en el hogar de la familia Kafka.

Reloj astronómico ★★★
(Astronomisk ur)

Poderoso emblema de Praga, fue restaurado en 2018. Siempre atrae a un aluvión de admiradores para contemplar el espectáculo: de 09:00 a 23:00 h, cada hora, Cristo y los doce apóstoles salen a escena, la Muerte agita su reloj de arena, el Turco, el Judío y la Vanidad aparecen y el Gallo canta para cerrar el desfile.

Instalado alrededor de 1410 por el relojero real **Nicolas de Kadaň** en colaboración con Jan Šindel, profesor de matemáticas y astronomía de la Universidad de Praga, el reloj fue reparado y mejorado por el maestro Hanuš alrededor del 1490, y luego perfeccionado por Jan Táborský a mediados del siglo XVI. Las tres agujas de la esfera central sirven para indicar, con el paso de las horas, la posición del Sol, la Luna y los planetas según la cosmología medieval. La esfera inferior es un calendario de los meses del año.

Fachadas notables

En el lado sur de la plaza, se encuentran algunas de las más bellas y antiguas casas de Praga. La **Casa Štorch (Štorchův dům** - n.º16/552) fue construida a finales del siglo XIX en estilo neorrenacentista, con frescos de Mikoláš Aleš. Más adelante, la **Casa del Unicornio Blanco (U zlatého Jednorožce** - n.º 20/548) cuenta con una puerta gótica que contrasta con su fachada barroca.

En el lado este, la **Casa de la Campana de Piedra★★** (**U kamenného zvonu** - n.º13/605) es la más privada de la plaza. Data del siglo xiv, pero fue enteramente remodelada en estilo barroco antes de recuperar su aspecto gótico original. En ella se hacen exposiciones temporales de arte contemporáneo muy interesantes (*www.ghmp.cz -de ma. a do. de 13:00 a 18:00 h- 200 Kč*) organizadas por la **Galería de la ciudad de Praga** (Galerie Hlavního Města Prahy).

Palacio Kinský ★ - Galería Nacional
(Palác Kinských)
📞 220 397 211 - www.ngprague.cz - ♿ - de ma. a do. de 10:00 a 18:00 h - 270 Kč. Situado en el n.º12, este palacio rococó es uno de los más bellos de la ciudad. Construido por **Anselmo Lurago** entre 1755 y 1765 según los planos de **Kilián Ignác Dientzenhofer**, posee una monumental entrada doble, que se abre hacia la plaza. Desde el balcón el primer ministro Gottwald pronunció su discurso anunciando la toma del poder comunista en febrero de 1948 (momento conocido como **el golpe de Praga**). La familia Kafka vivió durante un tiempo en el primer piso. El palacio alberga exposiciones temporales de arte contemporáneo.

Iglesia de Nuestra Señora de Týn ★★★
(Matky Boží před Týnem)
Acceso por el porche desde el edificio Staroměstské náměstí 14 - de ma. a sá. de 10:00 a 13:00 h y de 15:00 a 17:00 h, do. de 09:00 a 12:00 h.

La iglesia no tiene fachada a la plaza, pero sus **dos agujas,** de 80 m de altura y visibles desde gran parte de la ciudad, se han convertido en uno de los símbolos de Praga. Es el edificio religioso más importante a este lado del Moldava, erigido entre 1365 y 1470 en estilo gótico radiante. El arquitecto Peter Parler diseñó la fachada norte de la iglesia en 1390. El espléndido tímpano representa la Pasión de Cristo. El interior está decorado con una rica mezcla de arquitectura.

Pequeña Plaza ★
(Malé náměstí)
Situada detrás del ayuntamiento, en dirección al Puente de Carlos, esta plaza triangular, invadida por las terrazas de los restaurantes, es muy agradable por la noche. Durante el día admira las bellas fachadas barrocas.

Iglesia de San Nicolás ★★
(Sv. Mikuláše)
Esquina Staroměstské náměstí / Pařížská - de 10:00 a 17:00 h. Conciertos de abril a octubre, a las 18:00 h.
Con la desaparición de la parte norte del ayuntamiento, la fachada se orientó hacia la plaza. El espléndido edificio barroco (1732-1737), es obra del arquitecto **Kilián Ignác Dientzenhofer**. Aunque el exterior destaca –dos torres gemelas y una cúpula central–, el interior es más elaborado, sobre todo el trabajo en estuco de Bernard Spinetti. Los frescos que decoran la cúpula representan la vida de San Nicolás. Entre 1871 y 1914 fue sede de la comunidad ortodoxa rusa de Praga, y después sirvió brevemente como capilla militar.

La Ciudad Vieja★★★

(Staré Město)

Limitada por la curva del Moldava y los bulevares que reemplazaron sus antiguas fortificaciones, la Ciudad Vieja de Praga conserva una rica historia reflejada en el laberinto de sus calles y plazas. Junto a las numerosas iglesias antiguas, las fachadas barrocas se alzan sobre sótanos que antaño fueron la planta baja de casas románicas y góticas. Así, la ciudad de los burgueses se distingue tanto de la ciudadela de los soberanos como del aristocrático barrio que se alza en la orilla opuesta.

▶**Acceso:** Ⓜ Staroměstská, Můstek, Náměstí Republiky.

Plano del barrio págs. 20-21. Mapa extraíble DE3.

▶**Consejo**: no te fíes de las apariencias: la Ciudad Vieja no es inamovible. También es el distrito de la cultura, con locales para conciertos, clubes de *jazz* y teatros, que animan sus noches.

☞ *Nuestras sugerencias págs. 88, 96, 102, 107 y 111.*

Casa del Anillo de Oro ★

(U Zlatého prstenu)

Týnská 6 - Ⓜ *Nám. Republiky -* ☏ *601 102 961-* ♿ *- de ma. a do. de 09:00 a 18:00 h - cerrado en julio - 180 Kč.*
Las partes más antiguas de esta casa datan del siglo XIII y posee uno de los interiores praguenses más interesantes abiertos al público. Anexo del Museo de la Ciudad, alberga la exposición «La Praga de Carlos IV», dedicada al urbanismo del siglo XIV.

Tribunal de Týn ★

(Týnský dvůr)

Ⓜ *Nám. Republiky.*
En este patio medieval se encuentra el **Palacio Granovský**, una espléndida residencia renacentista, con una galería del 1560 en el piso superior.

Basílica de Santiago ★

(Bazilika sv. Jakuba)

Malá Štupartská 6 - Ⓜ *Nám. Republiky.*
El edificio se terminó de construir a finales del siglo XIV, pero la estructura gótica está enmascarada por suntuosas capas de ornamentación barroca. Parcialmente destruida en 1689, la iglesia fue reconstruida entre 1690 y 1702, y el interior restaurado entre 1736 y 1739. La fachada muestra tres exuberantes bajorrelieves de estuco que datan de 1695, obra de Ottavio Mosto.
En el interior, la iglesia se extiende tanto en longitud como en una altura excepcional. La decoración culmina con las pinturas del techo, obra de Voget, y el monumental cuadro del altar del *Martirio de San Jacques* de **Reiner** con una ambientación muy rica.

19

Interior del ayuntamiento, decorado al estilo secesión.

El **monumento a Jan Václav Vratislav en Mitrovice★**, en el ala norte, fue diseñado por **Fischer von Erlach** con estatuas de **Fernando Maximiliano Brokoff**. Por último, si te apetece, echa un vistazo a la mano que cuelga a la derecha de la entrada. Según la leyenda, perteneció a un ladrón: justo cuando se disponía a robar una estatua de madera de la Virgen María le agarró la mano con tanta fuerza que fue imposible liberarlo. La única solución fue amputársela, y desde entonces se expone como lección.

Ayuntamiento ★★★
(Obecní dům)

Nám. Republiky 1090/5 - 🚇 Nám. Republiky - ☎ 222 002 101 - www. obecnidum.cz - vestíbulo y sótano de *acceso libre; salas accesibles durante la visita guiada en inglés (folleto en español) - consultar horarios - 320 Kč.* La construcción tuvo lugar entre 1906 y 1911, dirigida por los arquitectos Antonín Balšánek y **Osval Polívka**. Las decoraciones, sobre todo en la cúpula central, son características del estilo de la Secesión praguense. **Alfons Mucha** (📍 *pág. 139*) y **Ladislav Šaloun** firmaron la mayoría de los detalles.

> ### Café *art decó*
> Para disfrutar de la plaza del ayuntamiento, tómate un descanso para comer pastel en el **Kavárna Obecní dům** (📍 *pág. 96*). También hay un restaurante (📍 *pág. 90*).

DÓNDE COMER

Restaurace Mincovna	4
Lokál Dlouháá	6
Kabul	12
Mistral Cafe	
Obecní dům	20
Country Life	21
Mlejnice	28
Sisters	30
Mlýnec	32
Století	53
U Rudolfina	61
Naše Maso	75
Las Adelitas	76

DÓNDE BEBER

Kavárna Obecní dům	1
Coffee Lovers	2
Grand Café Orient	3
U Zlatého Kohouta	4
U Zlatého tygra	7
Bakeshop	11
Bokovka	14

DE COMPRAS

Modernista	1
Pohádka	2
Manufaktura	3
Bric à Brac Antiques	4
Kubista	5
Material	6
CD Krakovska	7
Parazit	8
PÁR	9
Iparos	10
Galerie Kozí	11
Granát Turnov	12
Qubus Design	14

SALIR POR LA NOCHE

Maison municipale (Obecní dům)	3
Roxy	5
Rudolfinum	6
AghaRTA Jazz centrum	16

DÓNDE DORMIR

Hotel Haštal	4
Pension Corto	8

La misma meticulosidad se aprecia en el interior, con sus ricas decoraciones, también en estilo secesión.

En la **Sala Smetana**★★ (☞ *pág. 107*), el corazón del edificio, tienen lugar conciertos, bailes, recepciones y desfiles de moda. Es una obra magnífica, adornada con estucos, estatuas y pinturas, iluminada desde arriba por una ventana redonda central y vidrieras. El esplendor ornamental del edificio alcanza su cénit en la sucesión de **salas del primer piso**★★ con decoración ceremonial con espejos, colores pastel, madera clara y estucos que recuerdan al merengue. El centro de la parte ceremonial del edificio, la **Sala de audiencias del alcalde** (*sál primátorský*), se inspira en el título de *Primátor* que ostenta el alcalde de la ciudad. Su decoración cristaliza la llama del patriotismo checo. Se encargó a uno de los artistas más renombrados de la Secesión, **Alfons Mucha**. El fresco del techo celebra la identidad checa. Las grandes virtudes están representadas por figuras históricas: Jan Hus como la Justicia o el General Žižka como el Valor.

Torre de la Pólvora ★
(Prašná brána)
Esquina Celetná/Na Příkopě - Ⓜ *Nám. Republiky -* ☏ *725 847 875 - de junio a septiembre de 09:00 a 20:30 h; de abril a mayo de 10:00 a 19:00 h; de octubre a noviembre de 10:00 a 18:00 h; resto del año, consultar - 190 Kč.*
Construida a mediados del siglo XIII, la Torre de la Pólvora perdió pronto sus funciones defensivas. Parcialmente destruida por los prusianos en 1757, fue renovada entre 1875 y 1886.

Las modificaciones realizadas por **Josef Mocker** le dieron su actual aspecto neogótico, en particular el tejado, que recuerda a las agujas de Nuestra Señora de Týn, tiene unas vistas espectaculares. En la segunda planta, una exposición muestra las diferentes torres de Praga, desde el siglo XII hasta la Torre de Televisión de la década de 1980 (☞ *pág. 78*).

Casa de la Madona Negra ★
(U černé Matky boží)
Esquina Celetná/Ovocný trh - Ⓜ *Nám. Republiky.*
Esta casa toma su nombre de la estatua de la Virgen que adorna una de sus fachadas. Esto es todo lo que queda de la casa barroca original. El actual edificio cubista, obra de **Josef Gočár**, de 1911, provocó un acalorado debate en el momento de su construcción. Aquí se encuentra el café cubista **Grand Café Orient** (☞ *pág. 96*) y el Museo del Cubismo Checo.

Museo del Cubismo Checo ★
(Muzeum českého kubismu)
Casa de la Madona Negra - Ovocný trh 19 - Ⓜ *Nám. Republiky -* ☏ *776 623 016 - www.czkubismus.cz -* ♿ *- ma. de 10:00 a 20:00 h, de mi. a do. hasta las 18:00 h - 150 Kč.*
Junto al Museo de Artes Decorativas (☞ *pág. 32*), este museo reúne una variedad de objetos relacionados con este movimiento, que tuvo gran éxito en la República Checa. Expone pinturas, cerámicas, muebles y dibujos de artistas clave del movimiento como Otto Gutfreund, Josef Gočár, Pavel Janák, Vlastislav Hofman y Emil Filla.

Recuerdo cubista
··
Regálate una taza cubista en Kubista, en la planta baja de la Casa de la Madona Negra. ☞ *pág. 102.*

Mercado de la fruta ★
(Ovocný Trh)
Ⓜ *Můstek.*
El Mercado de la fruta, junto con el «Mercado del carbón» (**Uhelný trh**), forma parte de una ampliación de la Ciudad Vieja trazada a mediados del siglo XIII. Junto con Josefov, el gueto judío, es uno de los pocos distritos con un trazado rectilíneo de calles, fruto de un esfuerzo de planificación urbana.
😊 *En invierno, la plaza alberga una popular pista de hielo.*

Teatro Estatal ★★★
(Stavovské divadlo)
Ovocný trh 1 - Ⓜ *Můstek -* ☎ *224 901 448 - www.narodni-divadlo.cz - taquilla detrás del teatro.*
Primer teatro permanente de Praga, fundado en 1781 por el conde Nostitz, este edificio neoclásico en tonos verdes y crema domina la plaza del Mercado de la fruta. Es recordado por ser el escenario del estreno triunfal de *Don Giovanni* de **Mozart** el 29 de octubre de 1787. Además de óperas, también acoge representaciones de la Compañía de Ballet de Praga.

Carolinum
(Karolinum)
Ovocný trh 9 - Ⓜ *Můstek.*
Es la sede de la universidad más antigua de Europa Central, creada por

Casa de la Madona Negra.

Carlos IV en 1348. En el exterior, la arquitectura gótica original fue remodelada en estilo barroco en el siglo XVIII. En la actualidad, el Carolinum alberga únicamente los espacios administrativos y ceremoniales de la Universidad de Praga.
😊 *Si, por casualidad, hay una exposición temporal en el momento de tu visita, podrás ver el interior, que conserva muchas de sus decoraciones originales.*

Palacio Clam-Gallas ★
(Clam-Gallasův palác)
Husova 20/158 - Ⓜ *Staroměstská. - www.clam-gallas.cz - de ma. a do. de 10:00 a 18:00 h - 180 Kč, audioguía incluida.*

spinout/Getty Images Plus

Michael Mulkens/Shutterstock

24

Entrada del Palacio Clam-Gallas.

Construido entre 1713 y 1719 por **Bernhard Fischer von Erlach** para Johann Wenzel, el conde Gallas, este edificio barroco es uno de los más majestuosos del casco antiguo. El arquitecto contrató al mayor escultor praguense, **Mathias Bernard Braun** (☞ *pág. 138*), para animar la fachada, más bien sobria, con estatuas, incluyendo los dos pares de atlantes esforzándose para sostener los pórticos gemelos. El recorrido pasa por una sucesión de salas, vacías pero abundantemente decoradas. También de antecámaras y escaleras de honor, lugares donde Beethoven y Mozart se preparaban antes de tocar para la familia Gallas. Un marco espléndido, destinado a acoger conciertos y exposiciones en un futuro próximo.

Calle Karlova ★★
(Karlova)
Ⓜ *Staroměstská.*
En dirección oeste se amplía para formar un pequeño cuadrado.
La atractiva fachada de la **Casa de los Pozos de Oro** (**U zlaté studně** - n.º 3/175) del Renacimiento, y su magnífica decoración de estucos, contrastan con las paredes sin atractivo de Clementinum, al norte. Enfrente se encuentra **La serpiente de oro (U zlatého hada)**, hoy un restaurante, fue el primer café de Praga, establecido en 1713.

Capilla italiana ★
(Vlašská kaple)
Karlova - Ⓜ *Staroměstská.*
Esta encantadora y pequeña capilla estilo renacentista, construida hacia 1600 sobre una planta perfectamente ovalada, es uno de de los primeros edificios con planta central de este tipo al norte de los Alpes.

Clementinum ★★
(Klementinum)
Accessos : Křižovnické náměstí 4, Karlova 1 y Mariánské náměstí 5 - Ⓜ *Staroměstská -* ☏ *733 129 252 - solo visitas guiadas (entrada por el 3ᵉʳ patio - 50 min) incluye la biblioteca barroca, la Sala de los Meridianos y la Torre astronómica. Cada día de 10:00 a 18:30 h - 300 Kč. Prohibido fotos.*
El mayor complejo arquitectónico de la ciudad después del Castillo, el Clementinum fue construido por los jesuitas. La más impresionante de las fachadas es el **ala oeste**, que bordea la calle Křižovnická. Construida por

Caratti en 1653, alinea pilastras monumentales y estatuas de emperadores romanos .
Tras los muros, en su mayoría austeros, hay iglesias, capillas, patios y un observatorio, así como una serie de interiores barrocos y rococó que no son accesibles al público.

Biblioteca barroca★★★
(Barokní knihovní sál)
Es uno de los espacios barrocos más bellos de la ciudad. Diseñado entre 1721 y 1727 por **Kaňka**, este vasto salón presenta techos abovedados decorados con bellos frescos en trampantojo. Unas columnas retorcidas sostienen un hermoso balcón de hierro forjado. La biblioteca alberga el famoso **codex Vyšehrad** (1085), y el Evangelio del Rey Vratislav, patrimonio nacional, del que se expone una copia.

Torre astronómica
(Hvězdárenská věž)
Coronada por una estatua de Atlas en plomo que carga un globo terráqueo, es un punto de referencia en el casco antiguo. Iniciada en 1722, sirvió como observatorio desde 1750. En la Sala de los Meridianos se presentan telescopios y aparatos para mediciones.

Capilla de los Espejos★
(Zrcadlová kaple)
Acceso también durante los conciertos (pagando).
Diseñada en 1724 por Dientzenhofer como lugar de culto privado, la espléndida Capilla de los Espejos está adornada con espejos integrados en su decoración de estuco.

Acoge conciertos de música clásica casi todas las noches.

Iglesia de San Salvador ★
(Sv. Salvátora)
Ⓜ *Staroměstská - acceso de visitantes por el Clementinum.*
La iglesia forma parte del conjunto arquitectónico del Clementinum, que incluye tres iglesias en total (San Salvador, San Clemente y la Capilla de los Espejos).
Las obras se iniciaron en 1578, en estilo renacentista, aunque las reformas realizadas en 1640 por el arquitecto **Carlo Lurago** le dieron su aspecto barroco actual. Las torres fueron añadidas en 1714. Las estatuas de la fachada son obra del escultor Jan Bendl.

Plaza de los Cruzados ★★
(Křižovnické náměstí)
Ⓜ *Staroměstská.*
A menudo se olvida esta plaza: los visitantes están muy concentrados en cruzar el **Puente de Carlos** (👓 *pág. 35*). Sin embargo, está considerada una de las plazas más bellas de Europa. Tómate tu tiempo para admirar las dos grandes iglesias barrocas y la **estatua de Carlos IV** en el centro de la plaza.

Galería de los Cruzados ★
- Museo del Puente de Carlos ★
(Galerie u Křižovníků
- Muzeum Karlova mostu)
Křižovnické náměstí (acceso en el lado izquierdo de la Iglesia de San Francisco) - Ⓜ *Staroměstská.*
El complejo conventual está formado por edificios de diferentes épocas:

los edificios medievales fueron
remodelados a mediados del siglo XVII
en estilo barroco por **Carlo Lurago**,
el ala que da al Moldava tiene un piso
superior neoclásico, y el edificio
principal fue renovado en estilo
secesión a principios del siglo XX.
El recinto acoge regularmente
exposiciones temporales y alberga
el **Museo del Puente de Carlos** (✆ *731*
471 848 - www.muzeumkarlovamostu.
cz - de 10:00 a 19:00 h; de octubre a
abril hasta las 18:00 h - 220 Kč).
Maquetas y documentos ilustran las
fases de la construcción del puente en
el siglo XIV y muestran la importancia
estratégica de este nervio vital de la
ciudad.

Iglesia de San Francisco ★★
(Sv. Františka)
Ⓜ *Staroměstská*
Obra maestra de la arquitectura
religiosa barroca, fue construida entre
1679 y 1689 por el arquitecto francés
Jean-Baptiste Mathey, que trabajó
regularmente en Malá Strana, asistido
por el italiano **Carlo Lurago**. La cúpula
central completa la perspectiva creada
por las torres del puente y la cúpula de
la Iglesia de San Nicolás, en la otra
orilla.

26

Museo Smetana ★
(Museo Bedřicha Smetany)
Novotného lávka 1 - Ⓜ *Staroměstská*
- ✆ *222 220 082 - de mi.*
a lu. de 10:00 a 17:00 h - 70 Kč.
Este pequeño museo, que forma parte
del Museo Nacional, recorre la vida del
famoso compositor de *Mi patria (Má*
Vlast) Bedřich Smetana. Se exponen
numerosas partituras, parte de la
correspondencia de Smetana
y muchos objetos personales.
Como el museo está instalado en la
antigua torre de agua de la Ciudad
Vieja, sus ventanas dan a los primeros
arcos del Puente de Carlos.

Rotonda de la Santa Cruz
(Rotonda Sv. Kříže)
Esquina Karoliny Světlé/Konviktská -
Ⓜ *Národní třída - visita durante los*
oficios y previa reserva telefónica
✆ *603 482 283.*
Si pasas por la zona, verás esta rotonda
entre los edificios modernos. Es uno de
los escasos ejemplos de arquitectura
románica en Praga. Data de la segunda
mitad del siglo XI y fue renovada entre
1862 y 1865, según planos del
arquitecto Ignác Ullmann y el pintor
Bedřich Waschmann.

Josefov★★★

Hace tiempo que los ecos de las pisadas del Golem dieron paso al bullicio de los turistas; las fachadas secesión de Pařížká ahora tienen *boutiques* de lujo y restaurantes de moda, y entre las laberínticas callejuelas del siglo XVIII solo queda un cementerio rodeado de edificios y algunas sinagogas aisladas. Sin embargo, Josefov, antiguo gueto judío y núcleo de la vida hebrea en Bohemia-Moravia, ha conservado un encanto que lo mantiene como uno de los barrios preferidos por aquellos que buscan descubrir una historia tan vibrante como marcada por la tragedia.

▶**Acceso:** Ⓜ Staroměstská.
Plano del barrio pág. opuesta. Mapa extraíble DE2-3.
▶**Consejo:** para evitar la multitud en temporada alta, visita el cementerio a primera hora. La luz baja de la mañana dota a la visita de una singular aura.
🎧 *Los judíos de Praga (pág. 142).*
🎧 *Nuestras sugerencias págs. 90, 96, 103, 107 y 111.*

28

Calle Paris ★★
(Pařížská ulice)

En esta amplia calle arbolada, ajardinada a principios del siglo XX sin preocuparse por el antiguo trazado del gueto, los arquitectos reunieron los estilos neorrenacentista, neobarroco y secesión para crear una composición de edificios única en Praga.
Ménsulas y balcones ricamente decorados adornan las elegantes fachadas, con todo tipo de molduras, figuras femeninas y volutas. Levanta la vista para admirar, por encima de las cornisas, los frontones, áticos y torreones que se elevan. Considerada una de las zonas más prestigiosas de Praga desde el momento de su inauguración, Pařížská está hoy repleta de elegantes *boutiques*, entre las que figuran importantes casas de moda internacional.

Museo Judío
(Židovské muzeum v Praze)

Centro de información y taquilla - Maiselova 15 - ☎ 222 317 191 o 222 749 464 - www.jewishmuseum.cz - todos los días excepto los sá. y festivos judíos; los horarios están sujetos a cambios y pueden variar de un sitio a otro - de 09:00 a 16:30 h; de abril a octubre de 09:00 a 18:00 h - 350/500 Kč (sin/con la sinagoga Vieja-Nueva) - audioguía en español 280 Kč. Se requiere kipá (se proporciona a la entrada).
😊 *Opta por la aplicación audioguía en tu teléfono (80 Kč), con tus auriculares, que ofrece la ventaja de evitar el sonido de otras audioguías.*
Los principales edificios del barrio se agrupan bajo el nombre de Museo Judío, con excepción de la Sinagoga Vieja-Nueva. Puedes comprar un billete en cualquier sitio.

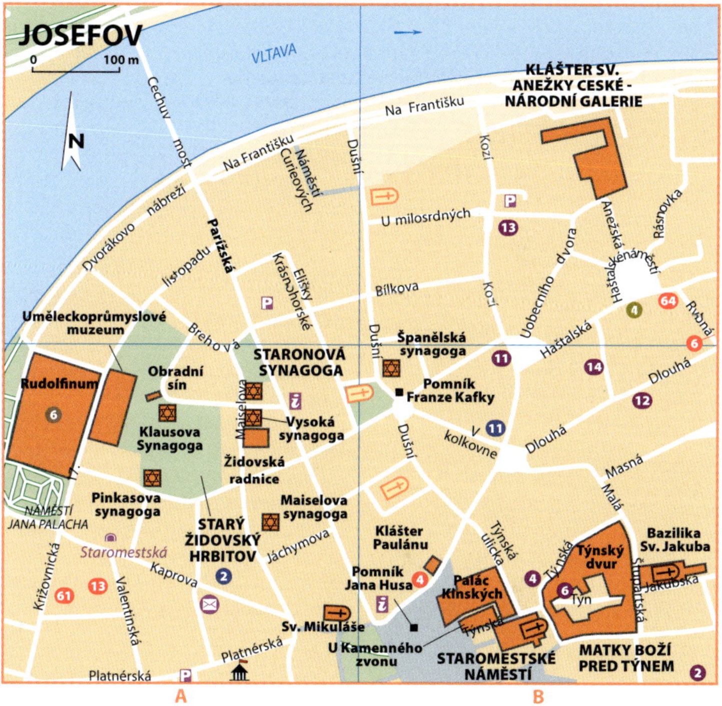

DÓNDE COMER
- Restaurace Mincovna....... 4
- Lokál Dlouhááá............. 6
- Mistral Cafe U Rudolfina................ 61
- La Dégustation Bohême Bourgeoise................ 64

DÓNDE BEBER
- Coffee Lovers................ 2
- Bakeshop.................. 11

DE COMPRAS
- Pohádka.................. 2
- Bric à Brac Antiques........ 4
- Material..................... 6
- Galerie Kozí................ 11
- Granát Turnov.............. 12
- Umělecké Sklenářství.......
- Qubus Design.............. 14

SALIR POR LA NOCHE
- Rudolfinum................ 6

DÓNDE DORMIR
- Hotel Haštal................ 4

Hay dos entradas combinadas disponibles: el «Barrio judío de Praga» (*500 Kč*) incluye las sinagogas Maisel, Pinkas, Klaus, Española y Vieja-Nueva, la Sala de Ceremonias, el Cementerio judío y el acceso a las exposiciones temporales de la Galería Robert Guttmann. El «Museo Judío de Praga» (*350 Kč*) incluye los mismos lugares, a excepción de la Sinagoga Vieja-Nueva.

☺ Puedes completar tu visita con la sinagoga del Jubileo o Jerusalén, en la Ciudad Nueva (☞ pág. 67).

Sinagoga Vieja-Nueva ★★★
(Staronová synagoga)
Červená 2. ☞ Museo Judío, pág. 28 - entrada 200 Kč, 420 Kč con audioguía - de do. a vi. de 09:00 a 18:00 h (invierno hasta las 17:00 h).
Construida hacia 1270, es uno de los edificios góticos más antiguos de Bohemia y una de las sinagogas más antiguas donde aún se celebra el culto. La estructura vertical y el tejado recuerdan a un candelabro de siete brazos, y destaca en un entorno urbano. La mampostería lleva la marca de los canteros del cercano convento de Santa Inés. La entrada está coronada por un tímpano con una vid esculpida en bajorrelieve, cuyas doce raíces representan las doce tribus de Israel y sus cuatro cepas representan los cuatro ríos de la Creación.

La sobria sala de oración tiene dos naves, cuyas bóvedas presentan cinco nervios en lugar de los cuatro habituales. En el centro, rodeada por una reja gótica, se encuentra la *bimah* o *almemar*, la plataforma utilizada para la lectura de la Torá. Cerca del muro oriental se encuentra el arca que contiene la Torá. También verás el estandarte donado por el emperador Fernando III (☞ pág. 142).

Las aberturas permitieron a las mujeres escuchar las lecturas desde una habitación adyacente.

El rabino más famoso fue **Juda Loew ben Bezabel**, creador del Golem.

El Golem

Este personaje mítico al que el **rabino Loew**, después de haberle dado forma en arcilla, sopló la vida en él con un amuleto con el nombre impronunciable de Dios, convirtiéndose en el siervo y protector de los judíos del gueto. Existen varias versiones sobre el final de esta historia. La más común sugiere que, una víspera de sábado, el rabino no quitó de la boca del Golem el amuleto con el que le daba vida. Furioso de tener que trabajar en sábado, el Golem huyó y aterrorizó a la población durante varios días antes de que el rabino consiguiera inmovilizarlo y le quitara el amuleto de la boca. No obstante, el epílogo es siempre el mismo: los restos del Golem, recogidos a paladas, habrían sido depositados en una habitación en el ático de la Sinagoga Vieja-Nueva, donde aún descansan.

Antiguo cementerio judío.

Antiguo cementerio judío ★★★
(Starý židovský hřbitov)

Široká 23/3 (entrada común con Sinagoga Pinkas y Sala de Ceremonias).
☉ Museo Judío, pág. 28 - de do. a vi. de 09:00 a 16:30 h.

Es una de las necrópolis judías más antiguas de Europa. Construida a principios del siglo XV, contiene la tumba más antigua conocida, la del rabino poeta **Avigdor Kara**, que data de 1439. La última ceremonia de enterramiento se celebró en 1787. A lo largo de tres siglos y medio, más de 80 000 judíos fueron enterrados aquí, aunque el cementerio contiene 12 000 tumbas (algunas bóvedas albergan hasta doce difuntos).

La maraña de lápidas crea un sorprendente efecto visual. Muy diferentes las unas de las otras, sus estilos revelan la época en que fueron realizadas. Las más antiguas son simples losas de arenisca con inscripciones en hebreo. A partir del siglo XVI, las tumbas presentan un gran número de esculturas o bajorrelieves que simbolizaban el oficio o la función del difunto. Los numerosos animales en relieve representan el nombre de la persona enterrada. Las losas de mármol, grabadas con la historia y las principales etapas de la vida del difunto, se utilizaron a partir del siglo XVII. Ver, por ejemplo, la del príncipe Mordejai Maisel o la del **rabino Loew** (☉ *pág. anterior*).

Sala de Ceremonias
(Obřadní síň)
U Starého Hřbitova 248/3 (acceso cerca del antiguo cementerio). Actualmente en restauración, reapertura prevista en 2028.
En un rincón del cementerio, este edificio antiguamente servía como sala de ceremonias y morgue.

Sinagoga Klausen
(Klausová synagoga)
U Starého Hřbitova. Actualmente en restauración, reapertura prevista para 2028.
Situada cerca de la salida del cementerio, la antigua Sinagoga Klausen es una de las más grandes del gueto. Esta sinagoga, que data de finales del siglo XVII y fue reconstruida en 1880, sustituyó a tres edificios de 1573 (*klausen*, plural de *klaus*, significa edificios). En el interior destaca la bóveda de cañón con estucos sofisticados, que escapó a las alteraciones de finales del siglo XIX. La sinagoga contiene una hermosa colección de objetos que dan vida a las tradiciones y costumbres judías.

Sinagoga Pinkas ★★
(Pinkasova synagoga)
Široká 23/3 (entrada común con el Antiguo cementerio judío y la Sala de Ceremonias). ⓒ Museo Judío, pág. 28.
Construida en 1535, la sinagoga Pinkas es la segunda más antigua del gueto. En el interior, una nave abovedada de estilo gótico se codea con una nave lateral, de estilo renacentista, añadida al edificio entre 1607 y 1625 para alojar a las mujeres por separado.

Reformado a mediados del siglo XIX, el edificio es ahora un lugar abierto al público, dedicado a los 77 297 judíos de Bohemia y Moravia víctimas del Holocausto. Sus nombres, pintados en las paredes en una lista interminable, se recitan en voz alta en un conmovedor homenaje (hay pantallas táctiles disponibles para buscar nombres). Arriba, la terrible realidad del Holocausto se ve desde la perspectiva de un niño, con emotivos dibujos realizados en el gueto de Terezín (1942-1944).

Rudolfinum ★
Acceso por la calle Jana Palacha y Alšovo nábřeží.
La sede de la **Orquesta Filarmónica Checa**, diseñada por los arquitectos Josef Zítek y Josef Schultz, se inauguró en 1884. Fue la primera gran sala de conciertos de Praga (1200 localidades). Las **esculturas** de la fachada neorrenacentista son obra de Antonín Wagner y Bohuslav Schnirch.

Un concierto en el Rudolfinum
Tendrás que planearlo con mucha antelación para tomar sitio, pero la acústica y la ornamentación de la Sala Dvořák son inolvidables. ⓒ *pág. 107.*

Museo de Artes Decorativas ★
(Uměleckoprůmyslové muzeum)
Široká 2 (nuevo acceso al jardín) - ☎ 778 543 900 - www.upm.cz - de ma. a do. de 10:00 a 18:00 h (ma. hasta las 20:00 h) - 180 Kč.

Interior de la Sinagoga Vieja-Nueva.

Construido en 1898, este palacio alberga el Museo de Artes Decorativas, cuyas colecciones, que abarcan un período que va desde la Edad Media hasta principios del siglo XX , incluyen tapices, encajes, cristalería, relojes, objetos litúrgicos, vajillas (dominadas por los productos bohemios), la sala de curiosidades, moda femenina, diseño y mucho más. Además, recorren con gusto la evolución de las artes y el diseño, desde la artesanía hasta las máquinas y la producción en serie.

Sinagoga Maisel
(Maiselova synagoga)
Maiselova 8-10. ☾ *Museo Judío, pág. 28.*
Construida en 1592, la sinagoga Maisel fue dañada dos veces por el fuego, siendo finalmente reconstruida en 1905 en estilo neogótico. Alberga una magnífica colección de objetos de plata y una exposición sobre la evolución de la comunidad judía hasta su emancipación en el siglo XVIII (☾ *pág. 142*).

Ayuntamiento judío
(Židovská radnice)
Maiselova 18/250.
Reconstruido en el siglo XVIII, este eficio rococó coronado por la estrella de David, tiene un reloj convencional con cuatro esferas; debajo, en el frontón, hay una esfera con caracteres hebreos. Observa que, para respetar el sentido de lectura hebreo, las agujas giran en sentido contrario.

Monumento a Franz Kafka ★
(Pomník Franze Kafky)
Esquina Dušní/Vězeňská.
Este intrigante bronce de 3,75 m de altura se erigió en 2003 para conmemorar el 120 aniversario del nacimiento de Kafka. El escultor, **Jaroslav Róna**, se inspiró en uno de los relatos cortos del autor, *Descripción de una lucha*, que narra las andanzas de un hombre por Praga, encaramado a los hombros de otro. Kafka aparece representado a hombros de un gigante sin cabeza ni brazos, una imagen que puede evocar tanto al Golem como al desgarro y desconcierto de su obra.

Sinagoga española ★★
(Španělská synagoga)
Dušní 12/Vězeňská 1. ◉ *Museo Judío, pág. 28 - de 09:00 a 17:00 h (temporada alta: hasta las 18:00 h).*
Se construyó en 1868 en estilo neomorisco, muy popular en la época. Su opulento interior, donde el oro sobre fondos rojos, verdes y marrones ilumina la cúpula y las paredes, contrasta con la sobria decoración de las demás sinagogas.
En la actualidad alberga una fascinante exposición sobre la historia de los judíos de Bohemia desde finales del siglo XVIII, con una docena de vitrinas con libros antiguos, fotos, objetos litúrgicos, muñecas, entre otros. Las pantallas táctiles permiten a los visitantes detenerse en un punto concreto de la historia y escuchar conmovedores testimonios de supervivientes del Holocausto.

34

Convento de Santa Inés de Bohemia ★★★ - Galería Nacional
(Klášter sv. Anežky České - Národní galerie)
U milosrdných 17 - ☏ 728 301 77 - www. ngprague.cz - ♿ - de ma. a do. de 10:00 a 18:00 h - 250 Kč o entrada conjunta para todas las colecciones permanentes de la Galería Nacional: 680 Kč (válida durante 10 días); acceso gratuito al jardín.
El convento fue fundado en el siglo XIII por la princesa Inés, hija del rey Ottokar I y hermana del futuro rey Wenceslao I. Destruido varias veces y cerrado en 1782 por José II, a finales del siglo XIX era una ruina que escapó por poco a la destrucción; se tardó un siglo en completar su restauración. El edificio pertenece ahora a la Galería Nacional y constituye un magnífico marco para la **colección de arte medieval de Bohemia y Europa Central** (*Středověké umění v Čechách a střední Evropa 1200-1550*).
En las distintas salas del convento se han reunido numerosas obras que datan de los siglos XII al XVI y proceden de Bohemia, Moravia, Eslovaquia y Alemania. La exposición es muy rica, con pinturas, esculturas y arte litúrgico. Destaca la colección de Madonnas de los siglos XIV y XV, así como varias obras de **Cranach el Viejo** y los retratos del **maestro Teodorico**, originalmente colgados en la Capilla de la Santa Cruz del Castillo de Karlštejn.

Puente de Carlos★★★

(Karlův most)

Durante seis siglos y medio, este milagro de la tecnología medieval ha unido la Ciudad Vieja con Malá Strana y el Castillo. Custodiada por torres en cada extremo, la estructura gótica es sinónimo de elegancia, poder y durabilidad. Durante el Barroco, se embelleció con dos soberbias hileras de estatuas religiosas, convirtiendo cada cruce del río en una especie de peregrinación. Lleva el nombre de su fundador, el emperador Carlos IV.

▶ **Acceso:** Ⓜ Staroměstská.

Plano del barrio págs. 20-21 y 40-41. Mapa extraíble CD3.

▶ **Consejo:** camina por la calle del puente al final de la noche, sin multitudes.

Torre del Puente de la Ciudad Vieja ★★

(Staroměstská mostecká věž)

De 10:00 a 18:00 h; de abril a mayo de 10:00 a 19:00 h; de junio a septiembre de 09:00 a 20:30 h; diciembre de 10:00 a 19:30 h - 190 Kč.

La orden de los cruzados, con sede en la plaza, cobraba peaje aquí. Observa las decoraciones: el escudo de la Ciudad Vieja de Praga, de Bohemia, de Moravia, del Sacro Imperio, de las posesiones de Luxemburgo, pero también las estatuas de los santos Segismundo, Adalberto y Guy, así como de los reyes Carlos IV y IV. Ocupando un lugar destacado, esta torre mostraba la continuidad dinástica y el estrecho vínculo entre Bohemia y el Sacro Imperio. La galería y los torreones fueron añadidos en el siglo XIX. Desde arriba hay una magnífica **vista ★★**.

Estatuas ★★

Treinta estatuas (o grupos de estatuas) de destacados artistas praguenses fueron colocadas en el Puente de Carlos entre los siglos XVI y XX. Convierten el puente en una galería de arte al aire libre.

Torres del Puente de Malá Strana

(Malostranská mostecká věž)

De 10:00 a 18:00 h; de abril a mayo de 10:00 a 19:00 h; de junio a septiembre de 09:00 a 20:30 h; diciembre de 10:00 a 19:30 h - 190 Kč.

El cruce con Malá Strana está marcado por dos torres cuadradas. La más pequeña (siglo XII) es anterior a la creación del puente, la más grande se construyó en la segunda mitad del siglo XV. Hermosas vistas desde la pasarela.

Isla de Kampa ★★

De forma alargada, está separada de Malá Strana por el Čertovka (arroyo del Diablo), un canal construido en la Edad Media para mover las ruedas de los molinos. La encantadora Plaza **Na Kampě ★★** está flanqueada por casas barrocas y rococó, entre ellas **El zorro azul** (**U modré lišky** - n.º 1/498), actual Embajada de Estonia.

Parque de Kampa ★

Hogar de los barqueros y canteros que trabajaron en el Puente de Carlos, Kampa ha permanecido poco desarrollada debido al constante riesgo de inundaciones. La mayor parte del terreno se destinó a jardines y huertos para los palacios de la otra orilla del río. En 1940 se unieron para formar un parque público.
Desde entonces, es un lugar de ocio para los habitantes del centro de Praga, que vienen aquí a pasear y disfrutar de las maravillosas vistas sobre el Moldava, el Puente de Carlos y la Ciudad Vieja.

Museo Kampa ★★ - fundación Jan y Meda-Mládek

(Museo Kampa - Nadace Jana a Medy Mládkových)
U Sovových mlýnů 503/2 - ☎ 257286 144 - www.museumkampa.cz - de 10:00 a 18:00 h - 180 Kč.
Desde Estados Unidos, donde vivieron exiliados durante los años del régimen comunista, Jan y Meda Mládek reunieron una importante colección de arte checo del siglo XX. Apoyaron a jóvenes artistas y adquirieron las obras

El Puente de Carlos al amanecer.

que fueron perseguidas por el régimen y no pudieron exponer. La pareja legó esta colección de **arte moderno** presentada en el Museo Kampa.
Las salas están dedicadas a dos artistas checos del siglo XX: el escultor **Otto Gutfreund** (☞ *pág. 139*) y el pintor **František Kupka** (1871-1957), que pasó del arte figurativo a la abstracción.
La atención se centra también en el arte checo actual, con una selección muy interesante de obras de artistas vivos, y en el arte contemporáneo internacional a través de exposiciones temporales.
☺ *El museo cuenta con una librería y, en la última planta, la terraza ofrece una vista magnífica.*

36

Malá Strana: el Camino Real ★★★

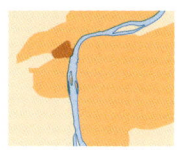

Bordeado por el Moldava, las verdes laderas de Petřín y protegido por el Castillo, el barrio histórico más admirablemente conservado de Praga parece haber cambiado muy poco desde mediados del siglo XVIII. Sus iglesias, mansiones burguesas y palacios barrocos se alinean en calles y plazas cuyo trazado se remonta a la Edad Media. Sus puertas se abren a pasadizos y patios ocultos, así como a escaleras que conducen a magníficos jardines en terrazas. Nerudova, la vía principal que atraviesa Malá Strana, une el Castillo con la Plaza Malá Strana de oeste a este, siguiendo el antiguo «camino real».

▶ **Acceso:** Ⓜ Malostranská.

Plano del barrio págs. 40-41. Mapa extraíble BC3.

▶ **Consejo:** para evitar la aglomeración de visitantes que a través de las escaleras llegan al Castillo, sube por los jardines bajo el Castillo (☾ *pág. 42*).

☾ *Nuestras sugerencias págs. 91, 98, 104, 108 y 111.*

Casa de los Tres Avestruces ★

(Dům U tří pštrosů)

Dražického náměstí 12/76.
Jan Fuchs, proveedor oficial de plumas de avestruz de la corte, compró la casa en 1597 y encargó las **pinturas** que adornan la fachada, para representar a estas aves. La parte barroca del doble frontón se añadió hacia 1657. En 1714, un empresario armenio abrió aquí el primer café de Malá Strana (y el segundo de Praga).

Un café secreto

Lejos del bullicio turístico, el Café Club Míšeňská es un remanso de paz. ☾ *pág. 98.*

Museo Franz Kafka

(Franz Kafka Museum)

Cihelná 2b - ☎ 257 535 507 - www. kafkamuseum.cz - de 10:00 a 18:00 h - 300 Kč.
Esta exposición recorre la vida del escritor checo, su relación con la ciudad de Praga y la influencia en su obra. La primera parte examina la vida cotidiana y el entorno de Kafka: su lugar de nacimiento, los vínculos con su familia, la influencia de los círculos literarios judíos y germanófonos. La segunda parte se centra en el desarrollo de su obra: las primeras etapas, la influencia de su trabajo cotidiano, la escritura en su tiempo libre, etc. Está ilustrada con cartas, fotografías y primeras ediciones.

Jardín Voyan ★
(Vojanovy sady)
U lužického semináře.
Árboles y arbustos exóticos florecen en el microclima creado por los altos muros que rodean los jardines. Parte de la propiedad episcopal medieval, más tarde pasaron a ser propiedad de las Carmelitas de San José. Actualmente es un parque público que incluye la **capilla** en forma de gruta de **San Elías**, otra capilla dedicada a Santa Teresa y una estatua de Juan Nepomuceno empotrada en un muro.

Calle del puente
(Mostecká)
Desde las torres que custodian la entrada del Puente de Carlos, esta parte del Camino Real desciende suavemente, para luego volver a subir hasta la magnífica Iglesia de San Nicolás, pasando por una sucesión de casas barrocas y rococó.

Plaza Malá Strana ★★
(Malostranské náměstí)
El verdadero corazón del barrio, la Plaza Malá Strana está dividida en dos partes: la baja, rodeada por las bonitas fachadas de los palacios, y la parte alta, donde se encuentra la **Iglesia de San Nicolás**.

Iglesia de San Nicolás ★★★
(Sv. Mikuláše)
Malostranské náměstí 25 - ☎ 257 534 215 - www.stnicholas.cz - de julio a agosto ju. de 09:00 a 18:00 h, mi. hasta las 17:00 h; septiembre ju. de 09:00 a 18:00 h, de vi. a do. hasta las 17:00 h; consultar resto del año - 140 Kč.

Este excepcional edificio, diseñado por los arquitectos **Dientzenhofer** padre e hijo, que trabajaron en él durante toda la primera mitad del siglo XVIII, es un verdadero manifiesto del barroco en Praga. El campanario fue añadido en 1755 por el arquitecto italiano **Anselmo Lurago**. Aumentó su altura hasta los 74 m, exactamente la misma que la cúpula, creando una característica asimetría que cambia la silueta de la iglesia según desde dónde se mire. En el campanario se puede admirar la arquitectura de la cúpula de cerca, así como las numerosas estatuas firmadas por Johann Friedrich Kohl; ofrece espléndidas **vistas ★★★** sobre Malá Strana y de toda la ciudad.

Iglesia de Santo Tomás ★
(Sv. Tomáše)
Josefská 8/28 - ☎ 257 530 556 - los horarios pueden variar, consultar.
Construida en el siglo XVI sobre los cimientos de una antigua iglesia y monasterio que datan del siglo XIII, fue rediseñada en el siglo XVIII por Kilián Ignác Dientzenhofer en estilo barroco. El interior tiene una excepcional riqueza, resultado de la contribución de varios pintores como Karel Škréta, que firmó la pintura de la *Santísima Trinidad*, o Rubens, quien decoró el altar mayor.

Iglesia de San José
(Sv. Josefa)
Na Poříčí 1ª.
Erigida en estilo barroco a finales del siglo XVII, su interior es bastante sobrio. Tómate tu tiempo para admirar la belleza de la cúpula.

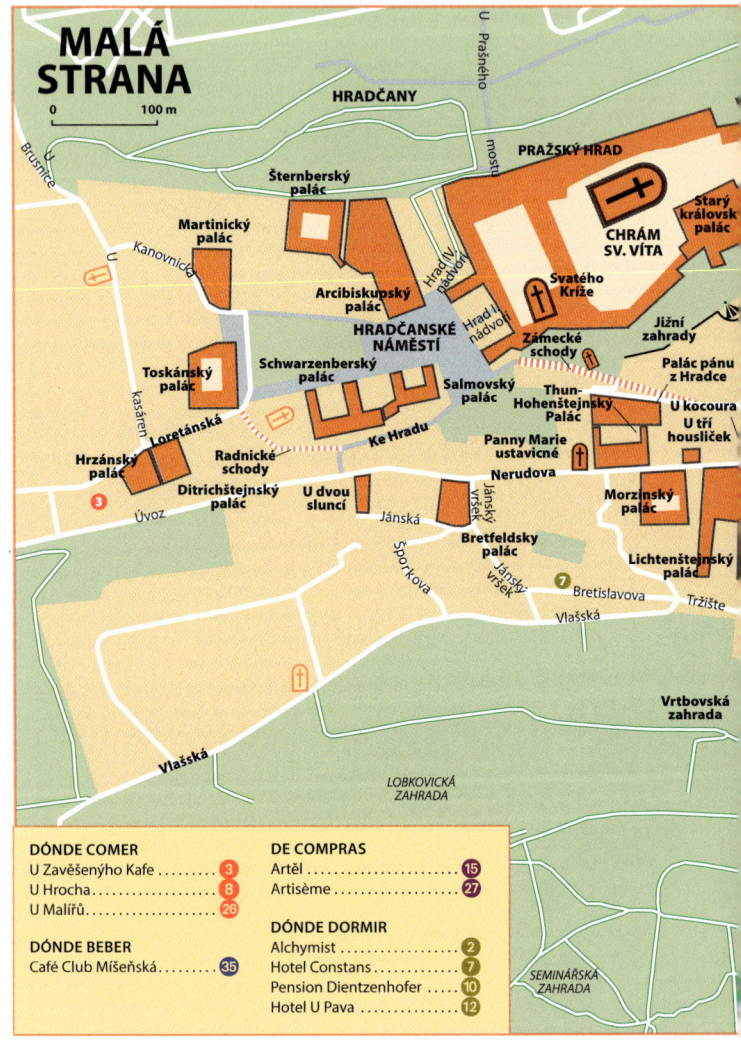

MALÁ STRANA

0   100 m

HRADČANY

PRAŽSKÝ HRAD

Brusnice

Šternberský palác

Martinický palác

Kanovnická

Arcibiskupský palác

Hrad IV. nádvoří

CHRÁM SV. VÍTA

Starý královsk palác

Svatého Kříže

Hrad I nádvoří

Jižní zahrady

HRADČANSKÉ NÁMĚSTÍ

Zámecké schody

Palác pánu z Hradce

Toskánský palác

kasáren

Schwarzenberský palác

Salmovský palác

Thun-Hohenštejnský Palác

U kocoura

U tří housliček

Loretánská

Hrzánský palác

Radnické schody

Ke Hradu

Panny Marie ustavicné

Nerudova

Ditrichštejnský palác

U dvou sluncí

Jánská

Jánský vršek

Morzinský palác

Úvoz

Jánský vršek

Bretfeldsky palác

Lichtenštejnský palác

Šporkova

Bretislavova

Tržište

Vlašská

Vrtbovská zahrada

Vlašská

LOBKOVICKÁ ZAHRADA

SEMINÁŘSKÁ ZAHRADA

40

DÓNDE COMER
U Zavěšenýho Kafe 3
U Hrocha 8
U Malířů 26

DÓNDE BEBER
Café Club Míšeňská 35

DE COMPRAS
Artěl 15
Artisème 27

DÓNDE DORMIR
Alchymist 2
Hotel Constans 7
Pension Dientzenhofer 10
Hotel U Pava 12

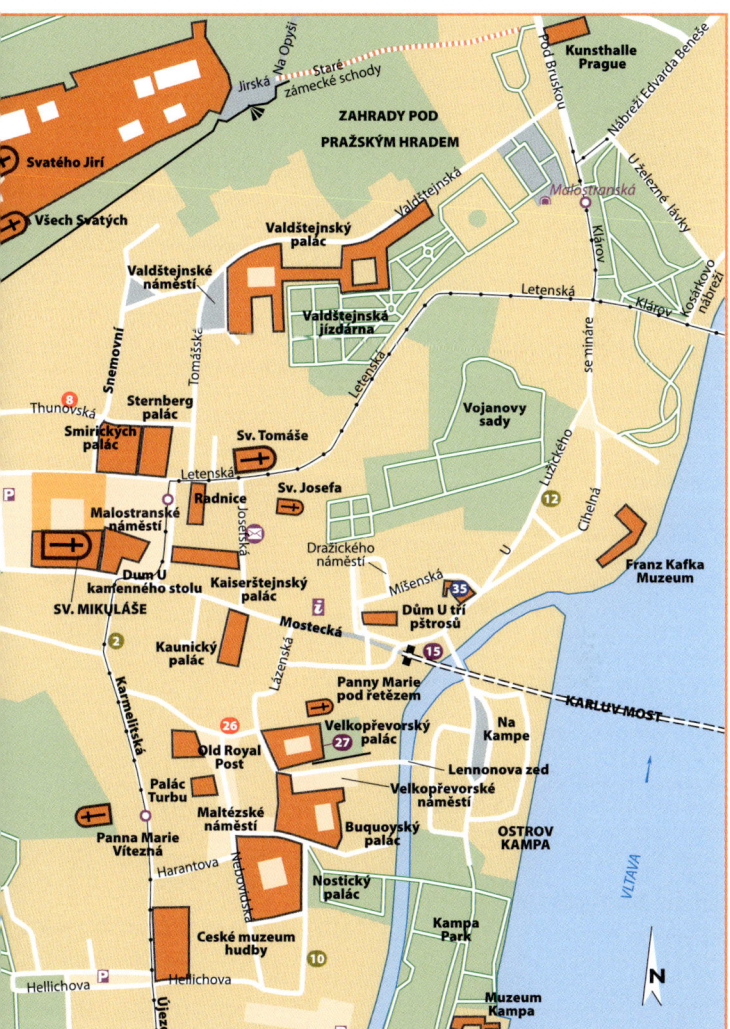

ZAHRADY POD
PRAŽSKÝM HRADEM

Svatého Jiří

Všech Svatých

Valdštejnský
palác

Valdštejnské
náměstí

Valdštejnská
jízdárna

Kunsthalle
Prague

Malostranská

Letenská

Thunovská

Sternberg
palác

Smiřických
palác

Sv. Tomáše

Vojanovy
sady

Malostranské
náměstí

Radnice

Sv. Josefa

Dům U
kamenného stolu

SV. MIKULÁŠE

Kaiserštejnský
palác

Dražického
náměstí

Mostecká

Dům U tří
pštrosů

Franz Kafka
Muzeum

Kaunický
palác

Panny Marie
pod řetězem

Velkopřevorský
palác

Na
Kampe

KARLŮV MOST

Old Royal
Post

Palác
Turbu

Lennonova zed

Velkopřevorské
náměstí

Panna Marie
Vítezná

Maltézské
náměstí

Buquoyský
palác

OSTROV
KAMPA

Harantova

Nostický
palác

Kampa
Park

Hellichova

České muzeum
hudby

Hellichova

VLTAVA

Muzeum
Kampa

N

41

Plaza Wallenstein ★★
(Valdštejnské náměstí)

En su día fue la entrada principal al Castillo desde el sur, pero ahora es un pequeño y tranquilo barrio en torno a una diminuta plaza conocida antiguamente como Fünfkirchenplatz / Pětikostelní náměstí, como indica un cartel en alemán y checo. Aquí se celebraban los mercados antes de que la expansión de la ciudad los trasladara a la Plaza Malostranské en el siglo XIII.

Palacio Wallenstein ★
(Valdštejnský palác)

Valdštejnské náměstí 4/17 - ☏ 257 075 707 - acceso a algunas salas del Senado checo - www.senat.cz - de abril a octubre sá. de 09:00 a 16:00 h - entrada gratuita.

Al pie del Castillo se encuentra el Senado de la República Checa. El conjunto está compuesto por más de una veintena de edificios con patios y jardines. Fue construido a finales del siglo XVII por tres arquitectos italianos en estilo renacentista tardío para el riquo general Wallenstein, que comandaba los ejércitos del Imperio. Al pasar bajo el porche de entrada a los jardines Wallenstein, podrás admirar la pequeña **Capilla de San Wenceslao★★★** decorada por Baccio del Bianco en el siglo XVII.

Jardines Wallenstein ★★
(Valdstejnská zahrada)

Valdštejnská 3 y Klárov - ☏ 257 075 707 - de abril a octubre de 07:00 a 19:00 h (sá. y do. desde las 09:00 h) - entrada gratuita.

El diseño geométrico de sus parterres y callejones destaca con los setos, que parecen más salvajes en el interior de sus muros. La magnífica vista que tiene hacia el Castillo y la catedral crea la sensación de espacio abierto. Al oeste cuenta con la zona de mayor interés, la magnífica **Sala Terrena ★★** de Pieroni, que logra una unión más estrecha entre palacios y jardines. Más allá se extiende una avenida formada por dos soberbias alineaciones de **bronces ★★**, obras maestras del dinamismo de **Adriaen de Vries**, escultor en la corte de Rodolfo II. No obstante, son solo copias, las originales se las llevaron los suecos en 1648.

Kunsthalle Praga

Klárov 5 - ☏ 241 004 111 - www.kunsthallepraha.org - de ju. a lu. de 11:00 a 19:00 h, mi. hasta las 21:00 h, ma. cerrado - 290 Kč. Se recomienda reservar por internet.

Inaugurado en 2022, este **centro de arte contemporáneo** presenta cada año diversas exposiciones e instalaciones, con el objetivo de poner el arte checo en contacto con las tendencias artísticas internacionales. El Kunsthalle también ha sido diseñado para mostrar la colección privada de sus fundadores, que incluye medio millar de obras de artistas centroeuropeos, que exhibe en exposiciones temporales.

Jardines bajo el Castillo ★★★
(Zahrady pod Pražským hradem)

Acceso por Valdštejnské náměstí 3/162 o por los jardines del sur del Castillo- ☏ 257 214 817 - www.palacove-zahrady.cz

- de 10:00 a 18:00 h; de mayo a septiembre de 10:00 19:00 h - cerrado noviembre y diciembre - 160 Kč.
Serpenteando hacia el este de Klárov, la calle Valdštejnská está bordeada por un lado, con los muros de los jardines Wallenstein y, por el otro, con una sucesión de palacios barrocos, que albergan embajadas.
Descuidados durante mucho tiempo, los jardines han reabierto tras una importante restauración.
Cuando en el siglo XVI empezaron a perder su carácter defensivo, las fortificaciones del Castillo fueron demolidas paulatinamente y las parcelas de terreno liberadas fueron adquiridas por los nobles y ciudadanos adinerados que vivían debajo.
Así, se crearon espléndidos jardines barrocos en terrazas en la ladera que separa los jardines del sur del Castillo del barrio de Malá Strana. Hoy en día quedan cuatro de ellos.
La principal característica arquitectónica del **Jardín Ledebourg** es la magnífica Sala Terrena, al nivel del jardín de finales del siglo XVII atribuida a F. M. Kaňka. Una doble escalera sube por las terrazas hasta un pequeño pabellón situado al pie de la muralla del Castillo. Desde aquí se divisan los tejados de tejas rojas de Malá Strana y las cien agujas de Praga.
Siguiendo hacia el este, descubrirás el **Jardín Pálffy** con su escalera central y su túnel, y después el **Jardín Kolowrat**. Por último, en el emplazamiento de un antiguo viñedo y huerto, se encuentra el vasto jardín en terrazas de **Fürstenberg**, con más de 8500 árboles, 2200 rosales y miles de flores.

Volviendo al jardín Ledebourg, unas escaleras conducen a los **Jardines del sur** a través del Bastión Moravo.

Jardines del sur ★
(Jižní zahrady)
Acceso por los jardines bajo el Castillo. Otros accesos a través del 3er patio (escalera del toro); al oeste por la escalera nueva del Castillo (Nové zámecké schody); al este por la escalera antigua del Castillo (Staré zámecké schody) - ☎ 224 372 423 - www.hrad.cz - de 10:00 a 19:00 h; de julio a agosto hasta las 19:00 h; octubre hasta las 17:00 h - cerrado de noviembre a marzo - entrada gratuita.
A lo largo del Castillo, los **Jardines del sur**, todos muy diferentes, son espectaculares. En los años veinte, Josip Plečnik, arquitecto del Castillo, realizó sutiles modificaciones. Cerca de la entrada este de los jardines, una fina columna coronada por una esfera dorada rayada de relámpagos domina el **Bastión Moravo (Moravská bašta)**. Subiendo, se llega a los **Jardines del Bastión (Zahrady na valech)**, que se extienden hacia el oeste *(de 06:00 a 22:00 h)*. Al otro lado de un pequeño mirador con columnas, una esbelta pirámide predomina una escalera que baja al **Jardín Hartig (Hartigovská zahrada)**, ocupado por un quiosco de música barroco *(cerrado al público)*. Más al oeste, el **Jardín del Paraíso (Rajská zahrada)** fue creado en 1562 por el archiduque Fernando. En el centro hay una gigantesca pila de granito, símbolo para Plečnik del principio femenino, la contrapartida del principio masculino representado por un monolito en el tercer patio.

Calle Neruda ★★
(Nerudova)

Es la parte más hermosa del **Camino Real**, la ruta que une la Plaza de la Ciudad Vieja con el Castillo a través del Puente de Carlos. Nerudova, el cuarto y último tramo, va desde la Plaza Malá Strana (◐ *pág. 38*) hasta la escalinata del Castillo. Debe su nombre al poeta **Jan Nepomuk Neruda** (1834-1891), que pasó parte de su juventud en el n.º 47, en la **Casa de los Dos Soles (U dvouslunci)**, de fachada barroca. La calle se ha convertido en una curiosidad por derecho propio. Mientras que la mayoría de los grandes palacios se han transformado en sedes de embajadas, las fachadas de las casas particulares conservan a menudo huellas de las actividades de sus anteriores propietarios. Si tomas la calle en dirección a la Plaza Malá Strana, estos son los edificios con los que te toparás: en la esquina de Jánský vršek, el **Palacio Bretfeld (Bretfeldsky palác)** fue, a finales del siglo XVIII, el centro de una vida rutilante, que acogía a huéspedes como Casanova y Mozart. En el n.º 22 la **Iglesia de Nuestra Señora del Perpetuo Socorro (Panny Marie ustavičné pomoci u Kajetánů)** es un gran edificio barroco, erigido entre 1691 y 1717. Al lado, en el n.º 20, dos águilas monumentales flanquean la entrada al **Palacio Thun-Hohenstein★** (1716), hoy ocupado por la Embajada de Italia. En el n.º 16, la **Casa de la Copa Dorada (U zlaté číše)** es una antigua orfebrería. En el n.º 5, el vasto **Palacio Morzin★ (Morzinský palác)** tiene dos hermosas puertas que representan el día y la noche.

La fachada está decorada con estatuas y numerosos motivos. Construido en 1713-1714, alberga la Embajada de Rumania. Enfrente, la casa conocida como **El burro y la Cuna (Osel u kolébky)** presenta una hermosa fachada barroca que data de 1706. En el n.º 12, observa la **Casa de los Tres Violines (U tří housliček)**, de estilo barroco: esta fue la casa de los fabricantes de violines Edlinger entre 1667 y 1748. La planta baja de la **Casa del Gato (U kocoura)**, en el n.º 2, está ocupada por una de las tabernas más antiguas de Praga.

Escalera del Castillo ★★
(Zámecké schody)

Paralela a Nerudova, una calle estrecha y empinada con una serie de rampas y escalones conduce hasta el Castillo (◐ *opuesta*). Antiguamente conocida como la Escalera nueva del Castillo (*Nové zámecké schody*), la parte superior del camino se trazó en 1674. Como un acantilado que domina la calle adoquinada, el **Palacio Thun**, de estilo renacentista, alberga la Embajada británica. Otros bellos edificios renacentistas y barrocos que bordean la calle y las escaleras son el espléndido **Palacio de los señores de Hradec (Palác pánů z Hradec)**, cuya entrada principal da a Nerudova. Desde Nerudova, otra escalera sube hasta la Plaza Hradschin (◐ *pág. 50*): la **Escalera del ayuntamiento (Radnické schody)**, así como **Ke Hradu**, una rampa excavada en la roca en 1663 para facilitar el acceso al Castillo.

Barrio del Castillo ★★★

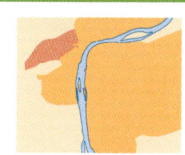

(Hradčany)

El más pequeño de los barrios de Praga y de los más imponentes por la silueta del Castillo que domina la ciudad desde hace más de diez siglos.
Este no ha conocido una gran evolución desde el siglo XVIII, por lo que todos (o casi todos) los estilos arquitectónicos están representados en él: románico, gótico, renacentista y barroco. Un verdadero viaje en el tiempo, y una visita imperdible.

▶**Acceso:** Ⓜ Malostranská.

Plano del barrio pág. 48. Mapa extraíble A3-4, BC2-3.

▶**Consejo:** si te falta tiempo, limítate al pequeño recorrido por los lugares más emblemáticos.

☏ *Nuestras sugerencias págs. 92, 98, 104 y 112.*

Castillo de Praga ★★★
(Pražský Hrad)
☏ *224 372 423 - www.hrad.cz - Recinto del Castillo de 06:00 a 22:00 h - entrada gratuita - edificios de 09:00 a 17:00 h (hasta las 16:00 h de noviembre a marzo) - taquillas en el 2º y 3er patio y acceso del Callejón del Oro - acceso al antiguo Palacio Real, la Basílica de San Jorge, el Callejón del Oro y la Catedral de San Vito: 450 Kč (entrada válida para 2 días); acceso a la torre de la catedral: 200 Kč - audioguía en español 200 Kč - visita guiada 100 Kč.*
Al patio del Castillo se accede desde la **Plaza de Hradschin★★★**, rodeada de magníficos palacios (☏ *pág. 50*).

Catedral de San Vito ★★★
(Chrám Sv. Víta)
3er patio - ☏ 224 372 423 - www.katedralasvatehovita.cz - de 09:00 a 17:00 h, do. desde las 12:00 h - entrada gratuita a la nave; entrada a la catedral incluida en la visita: 450 Kč; acceso a la torre: 200 Kč.
En 1344, Praga se convirtió en arzobispado. Por tanto, necesitaba una catedral digna de ese nombre. Carlos IV, que quería que simbolizara la continuidad entre las dinastías Přemyslida y Luxemburguesa, encargó su construcción al arquitecto francés Matthieu d'Arras. La construcción no concluyó hasta 1929, con motivo del milenario del martirio de San Wenceslao. Varios arquitectos de renombre trabajaron en su construcción o renovación, entre ellos Nicola Pacassi y Alfons Mucha. Desde el segundo patio se puede admirar la **fachada oeste**. A pesar de su marcado estilo gótico, los elementos de esta fachada datan del siglo XX.

Los **bajorrelieves** de bronce que adornan los portales son obra de **Otakar Španiel**.

Camina por el lado sur del edificio hasta llegar a la **Plaza de San Jorge ★★ (Jiřské náměstí)**, dominada por la torre sur de la catedral (96,50 m), construida en el siglo XIV. La triple cúpula coronada por un león dorado y la galería de estilo renacentista se añadieron en el siglo XVI. A la derecha de la torre se encuentra la **Puerta Dorada (Zlatá brána)**, terminada en 1367. La decoración es impresionante, en particular el **mosaico** veneciano del Juicio Final.

Al entrar en el edificio, sorprenden las dimensiones de la **gran nave** central. A pesar de las reformas de los siglos XIX y XX, se ha respetado el espíritu de los arquitectos originales. Las **vidrieras★★** son deslumbrantes. El maestro František Kysela necesitó 25 000 piezas de vidrio para crear el rosetón de la fachada oeste en 1928.

Al norte, las vidrieras **de la Capilla del Nuevo Arzobispo**, de estilo secesión, fueron creadas en 1931 por Alfons Mucha. Al este, destaca el órgano rococó (1763) sostenido por una galería renacentista, obra de Bonifaz Wohlmut, terminada en 1561.

El **coro** conserva numerosos elementos de la época en que fue construido por Matthieu d'Arras. La obra del arquitecto Peter Parler es igualmente importante: la red de nervios de la bóveda, innovadora para su época, es un buen ejemplo. En lo alto de la galería del triforio, y un poco difíciles de ver, los **bustos★★** del taller de Parler son inusualmente realistas para las esculturas medievales.

El coro está rodeado de **capillas** que albergan las tumbas de los primeros soberanos de Bohemia.

La impresionante **tumba barroca★★** de plata maciza en el deambulatorio es la de San Juan Nepomuceno. Se terminó en 1736.

Junto a la puerta dorada, a través de las rejas, se puede admirar la rica decoración del fresco de la **Capilla de San Wenceslao★★★**. Fue construida por Peter Parler en 1365, según los planos de Carlos IV, que quería destacar la filiación entre su abuelo, a través de su madre, y él mismo. Se levanta en el emplazamiento de la tumba del santo. Detrás de la capilla, en la **Sala de la Corona**, se guardan las joyas de Bohemia.

Antes de abandonar la catedral, sube los 287 escalones de la **torre sur** para admirar la vista **panorámica★★** sobre el Castillo y Praga.

Antiguo palacio real ★★★
(Starý Královský Palác)
Acceso con entrada (◉ pág. 45).

El tercer patio da acceso al antiguo palacio real, antaño el centro de la vida política del Castillo y durante mucho tiempo sede de la presidencia de la República. La fachada está firmada por el arquitecto italiano Nicola Pacassi, pero quedan muchos restos románicos en la entrada principal.

En el **dormitorio del rey Ladislao I el Póstumo** se conservan bien las decoraciones y las bóvedas góticas.

El **Salón de Vladislao★★★**, construido a finales de los siglos XV y XVI, es de estilo gótico flamígero tardío de Bohemia, pero ya contiene elementos

BARRIO DEL CASTILLO

0   100 m

48

DÓNDE COMER	DÓNDE BEBER	DÓNDE DORMIR
U Zavěšenýho Kafe .... ③	U Černého Vola .... ⑰	Alchymist .... ②
U Hrocha .... ⑧		Hotel Constans .... ⑦
Kavárna Nový Svět .... ⑨	DE COMPRAS	Hotel U Raka .... ⑨
U Malířů .... ㉖	Hračky - Houpací kůň .... ⑰

renacentistas. El arquitecto de Vladislao IV Jagellón, **Benedikt Ried**, fue el responsable de la construcción de la enorme bóveda de nervaduras ligeras y sinuosas.

El **ala Luis** se construyó a principios del siglo XVI. Fue en la segunda sala de esta ala donde tuvo lugar la **segunda defenestración de Praga** en 1618, cuando dos gobernadores católicos fueron arrojados por las ventanas por una delegación protestante.

La visita termina en la Escalera de los Caballeros, con su **bóveda gótica★** que podían utilizar los jinetes.

Basílica de San Jorge ★★
(Bazilika Sv. Jiří)
Jiřské náměstí. Acceso con entrada (ⓒ pág. 45).

Es el edificio románico más bello que aún se conserva en el país.

Fue consagrada en el año 925, cuando se colocaron allí las reliquias de **Santa Ludmila**, abuela de San Wenceslao, uno de los santos patrones de Bohemia.

Del edificio original, destruido en el siglo XII y reconstruido después, solo quedan los cimientos. La fachada barroca, añadida entre 1657 y 1680, contrasta con las dos **torres románicas** del fondo. El frontón de la fachada está dedicado a San Jorge y el dragón.

Callejón de Oro ★
(Zlatá Ulička)
Acceso con entrada (ⓒ pág. 45).

Esta pintoresca callejuela está flanqueada por pequeñas y coloridas casas con entramado de madera. Kafka vivió en una de ellas. La mayoría tienen tiendas de recuerdos, pero algunas albergan pequeños museos que parecen haber quedado congelados en el tiempo (talleres, interiores de época).

En el primer piso de las casas, el pasillo que recorre todo el callejón es el antiguo camino cubierto. Alberga una notable colección de armaduras.

Jardines Reales ★★
(Královská zahrada)
Acceso por el Castillo a través del 2º patio; por el norte por U Prašného mostu; por el este por Mariánské hradby - ✆ 224 372 423 - www.hrad.cz - de 10:00 a 20:00 h; de abril a junio y septiembre hasta las 19:00 h; octubre hasta las 17:00 h; consultar resto del año - cerrado de noviembre a marzo.

Se desarrollaron bajo los reinados de Fernando I, y, sobre todo, Rodolfo II, y albergaban plantas frágiles y animales exóticos. Había loros sujetos a las ramas con cadenas de oro, e incluso un dodo. Aquí florecieron los primeros tulipanes de Europa.

Los jardines han sufrido frecuentes cambios. Originalmente de estilo francés, se rediseñaron en el siglo XIX para seguir un trazado más natural.

Mirador - Palacio Real de verano ★
(Belveder - Královský letohrádek)
Fue construido entre 1537 y 1563 por Fernando I en estilo renacentista. Ligeramente elevado, con un tejado en forma de casco de barco invertido, ofrece una hermosa vista de los jardines, el Castillo y parte de la ciudad. Su lejanía lo convirtió en un observatorio astronómico ideal, donde trabajaron muchos astrólogos.

Callejón de Oro.

Fuente de Canto ★
(Zpívající fontána)
En el centro del jardín del Palacio de Verano, la famosa Fuente de Canto, fundida en bronce, está coronada por un pequeño gaitero. Debe su nombre a la música del agua que cae en su taza.

Juego de Palma ★
(Míčovna)
Construido entre 1565 y 1569 por Bonifaz Wohlmut, el Juego de Palma es un soberbio pabellón renacentista decorado con **esgrafiados**.
Su reconstrucción en los primeros años del régimen comunista explica la sutil inclusión de la hoz y el martillo en el diseño de los esgrafiados.

Plaza Hradschin ★★★
(Hradčanské náměstí)
Bordeada de modestas viviendas de madera en la Edad Media, la **Plaza del Castillo** se ha embellecido con el paso de los años. Hoy en día, está rodeada de palacios que llaman la atención, al igual que el desfile de uniformes azules durante el cambio de guardia, una gran atracción turística.

Palacio Schwarzenberg ★★ - Galería Nacional
(Schwarzenberský palác - Národní galerie)
Hradčanské náměstí 2 - ☎ 233 081 713 - www.ngprague.cz - ♿ - de ma. a do. de 10:00 a 18:00 h - 250 Kč ; entrada para todas las colecciones permanentes de la Galería Nacional: 680 Kč (válida durante 10 días).
Este palacio es el edificio de estilo renacentista más bello de Praga. Fue construido entre 1545 y 1563 por el arquitecto Agostino Galli, en el lado sur de la plaza. Sus fachadas están decoradas con molduras de punta de diamante y **esgrafiados** venecianos en blanco y negro.
Ahora parte integrante de la Galería Nacional, este museo presenta desde 2019 una nueva exposición dedicada a los **Maestros Antiguos★★** (*la segunda parte se encuentra en el Palacio Sternberg - ☛ pág. 51*). Cuenta con una admirable colección de obras de artistas de Bohemia (Karel Škréta, Jan Krystof Liška) y de toda Europa (Lucas Cranach, Alberto Durero, Greco, Goya, Rembrandt, Van Dyck, Brueghel el Joven, Rubens), que abarcan desde

el Prerenacimiento gótico hasta el Barroco (siglos XVI a XVIII).

Dividida en dos salas, «Renacimiento y Manierismo» y «Barroco y Rococó», los diferentes géneros abordados (religión, mitología, escenas de género, paisajes, retratos, etc.) ofrecen un panorama de este período crucial, en el que se mezclan las influencias, con una referencia constante al arte antiguo.

La *Fiesta del Rosario*★★ de Alberto Durero, es una de las obras maestras del museo. Los sublimes techos pintados evocan episodios de la mitología griega, como la guerra de Troya o la liberación de Proserpina por Cronos.

Palacio Salm ★ - Galería Nacional

(Salmovský palác - Galerie Národní)
Hradčanské náměstí 2 - ☎ 233 081 713 - www.ngprague.cz - los precios varían según las exposiciones.
Conocido como el «Pequeño Schwarzenberg», forma parte de la Galería Nacional y alberga una notable colección de arte de los siglos XIX y XX dedicada especialmente a artistas checos. A finales del 2025 inaugurará la nueva colección permanente: *El arte de Asia a través del espacio y el tiempo.*

Palacio Arzobispal

(Arcibiskupský palác)
Hradčanské náměstí 16.
Al norte de la plaza, este palacio, construido a finales del siglo XVII por el arquitecto francés **Jean-Baptiste Mathey**, se basa en el palacio Gryspek (principios del siglo XVI). Su fachada rococó, del siglo XVIII, es de Jan Josef Wirch.

Palacio Sternberg ★ - Galería Nacional

(Šternberský palác - Národní galerie)
Hradčanské náměstí 15 (pasa bajo el porche, acceso al fondo del callejón) - ☎ 233 090 558 - www.ngprague.cz - de ma. a do. de 10:00 a 18:00 h - 180 Kč; entrada para todas las colecciones permanentes de la Galería Nacional: 680 Kč (válida durante 10 días).
El palacio barroco del conde Sternberg, construido entre 1698 y 1707 por el arquitecto italiano **Giovanni Battista Alliprandi**, se organiza en torno a un espacioso patio interior. Desde 2020, la Galería Nacional presenta la segunda parte de su formidable colección de **Maestros Antiguos**★★ (*la primera parte se encuentra en el Palacio Schwarzenberg - ⊙ pág. 50*).

El recorrido comienza con una rara colección de **iconos rusos**, minuciosamente colocados junto a una serie excepcional de primitivos italianos (siglos XIV-XV). Le sigue el arte flamenco (Brueghel el Joven, Rubens, Antoon van Dyck, Rachel Ruysch, Gerard Ter Borch). El arte alemán (siglos XV-XVI) se desarrolló en Núremberg con Hans Baldung Grien y, sobre todo, Durero (*Madona con el Iris*), uno de los representantes más emblemáticos del arte gótico tardío y del Renacimiento temprano.

Su influencia fue profunda, sobre todo en los pintores de la corte del emperador Rodolfo II. El impresionante retablo de la *Pasión* (1499), de Hans Raphon, conserva trece de sus cuarenta y tres paneles originales.

51

La siguiente sección se centra en el arte alemán y austriaco de los siglos XVI-XVIII, seguida de una sala entera dedicada a la familia Brueghel, con obras como *La danza campesina*, maestros de la pintura de género que inspiraron a muchos de los artistas flamencos expuestos en las salas siguientes (Rubens, Van Dyck, o la sorprendente *Escena de una aldea* de Hans Bol). Detente a observar el asombroso **Gabinete Chino** de paredes lacadas. En el Gabinete de Antigüedades, decorado por Johann Rudolf Bys, admira los techos. Alberga una pequeña colección de pintores españoles y franceses de los siglos XVII y XVIII (Charles Mellin, Pierre Mignard y Murillo). La sección de Alto Renacimiento y Manierismo italiano incluye obras de Tiepolo.

☺ *Puedes relajarte en el jardín, si el tiempo acompaña.*

Palacio Martinic ★
(Martinický palác)
Hradčanské náměstí 8.
Este palacio, joya del Renacimiento, luce una espléndida decoración **esgrafiada** en la fachada, inspirada en escenas del Antiguo Testamento.

Palacio Toscano
(Toskánský palác)
Hradčanské náměstí 5.
Este espléndido edificio barroco fue construido entre 1689 y 1691 por **Jean-Baptiste Mathey**. Las cinco estatuas del ático son obra del escultor **Ferdinand Maximilian Brokoff**. El palacio alberga las oficinas del Ministerio de Asuntos Exteriores.

Loretánská ★★
Esta calle, que sube hacia Nuestra Señora de Loreto, forma una pequeña plaza adornada con sofisticadas **farolas**. Fíjate en las fachadas del siglo XVIII de los palacios **Dietrichstein** y **Hrzán** (n.º 7 y 9).

Plaza Pohořelec ★
Esta encantadora plaza adoquinada se trazó a finales del siglo XIV. Su estilo actual es barroco y rococó, pero se conservan edificios más antiguos.

Monasterio de Strahov ★★
(Strahovský klášter)
Accesos: esquina Pohořelec / Strahovská o en las escaleras bajo un porche en el n.º 8 de Pohořelec - ✆ 233 107 718 - www.strahovskyklaster.cz - de 09:00 a 17:00 h - biblioteca 150 Kč, biblioteca y galería 290 Kč.
El monasterio fue fundado en 1140 en el más puro estilo románico, pero la mayor parte de su actual aspecto barroco data de los siglos XVII y XVIII. Si accedes al patio por la entrada principal, verás primero la **Capilla de San Roque (Kostel sv. Rocha)**, construida entre 1603 y 1611 en un estilo característico del gótico bohemio (✆ *233 354 066 - www.galeriemiro.cz - de junio a septiembre de 12:00 a 17:00 h; consultar para el resto del año- 100 Kč).*

Iglesia de Nuestra Señora de la Asunción ★★★
(Nanebevzetí panny Marie)
Abierto durante los oficios.
Su planta románica de 1143 sigue destacando a pesar de las numerosas reconstrucciones y renovaciones

llevadas a cabo en el siglo XVIII.
Se conservan los restos de **San Norberto**, fundador de la orden de los Premonstratenses. Los frescos decorativos de la iglesia narran la vida del santo. Destaca la rica decoración y sus columnas retorcidas.

Biblioteca de Strahov★★★
(Strahovská Knihovna)
Dividida en dos partes, es una de las bibliotecas más bonitas del mundo. El acceso a las salas está prohibido. Son visibles desde la puerta principal. A pesar de la distancia y de la tenue iluminación, tómate tu tiempo para apreciar la riqueza de las decoraciones. La **Sala de Teología** es la más antigua, construida entre 1671 y 1679 según los planos de Giovanni Domenico Orsini. Está cubierta por una gran bóveda y decorada con estucos intercalados con pinturas posteriores (1720). Un siglo más tarde, la **Sala de Filosofía** sigue una planta lineal más clásica, diseñada por Ignaz Palliardi. El techo presenta un magnífico fresco de **Franz Anton Maulpertsch**, que representa la historia de la humanidad y la filosofía. Las dos salas están alineadas por un pasillo que alberga el **Gabinete de curiosidades de Karel Jan Eben** (siglo XVIII), en la encrucijada del gusto por la magia heredado de Rodolfo II y del acercamiento sistemático a las ciencias naturales.

Galería de Strahov★
(Strahovská obrazárna)
El monasterio alberga obras de arte, reunidas principalmente en el silgo XIX. Confiscada bajo el régimen comunista, la colección, que incluye más de 1000 piezas restauradas, se expone en el suelo del claustro. Incluye esculturas y pinturas de estilo gótico checo, así como lienzos de maestros flamencos e italianos de los siglos XVII y XVIII.

Santuario de Loreto ★★★
(Loreta)
Loretánské náměstí 7 - ☎ 220 516 740 - www.loreta.cz - de 10:00 a 17:00 h - 230 Kč.
Según la leyenda, la «santa casa» es el hogar de María en Nazaret, transportada por los ángeles para salvarla de la destrucción de los infieles. Hay unas cincuenta «casas santas» en Bohemia, y un buen número en el resto de Europa, pero la del santuario de Loreto es objeto de una importante peregrinación.
Giovanni Battista Orsi construyó este santuario entre 1626 y 1631. El patio se añadió a mediados del siglo XVII. En el siglo XVIII, **Kilián Ignác Dientzenhofer** elevó el patio en una planta y diseñó la **fachada★★★** oeste con sus numerosas estatuas monumentales. Dominando la plaza, el campanario alberga las campanas del carillón, fundidas en Holanda a finales del siglo XVII. La melodía que tocan cada hora es una variación orquestada por Dvořák sobre un popular himno checo a María, «Mil veces te saludamos».

Claustro y santa casa ★
En primer lugar, recorre el claustro: en las alas norte y sur verás algunas capillas muy ricamente decoradas y, en el centro del patio, una gran estatua que representa La Resurrección. La santa casa, originalmente sencilla, fue decorada en 1664 con bajorrelieves que evocan la vida de María y

53

Monasterio de Strahov.

el traslado de su casa a Italia. El estuco y los ladrillos, materiales menos nobles, recuerdan la modesta condición de la familia de la Virgen.

Iglesia de la Natividad ★★★

Su interior barroco, uno de los menos reformados de Praga, está decorado con estatuas y oratorios reservados a la nobleza que parecen palcos de teatro. Las pinturas del techo incluyen obras de **Reiner**. El **tesoro★★** reúne objetos de culto que datan del siglo XVI al XVIII, en particular custodias, la más bella de ellas, la del **Sol de Praga★★** (1699), está engastada con unos 6500 diamantes. En una sala se exponen reproducciones de los relojes del siglo XVII descubiertos en 2012 en la cripta del santuario.

Nuevo Mundo ★★
(Nový Svět)

Este minúsculo barrio, formado por algunas callejuelas con aspecto de pueblo, se extiende al oeste del Castillo, entre el palacio Sternberg y la Plaza de Loreto.

Las calles **Nový Svět** y **Černínská** han sobrevivido a las diversas remodelaciones, y forman un tranquilo rincón en la ciudad.

En la calle Kanovnická, la **Iglesia de San Juan Nepomuceno** fue diseñada por Kilián Ignác Dientzenhofer (1729).

Malá Strana sur★

Al sur, Karmelitská es la calle principal de Malá Strana. Se trata de una zona residencial de clase media, con elegantes edificios y palacios a ambos lados. La autenticidad del barrio se ha visto comprometida en favor de los establecimientos de comida rápida y las tiendas de recuerdos. Gira hacia el este, en dirección a la Plaza de Malta —que aparece en la película *Amadeus,* de Miloš Forman—, y hacia el oeste, donde se encuentran las sublimes terrazas floridas del jardín de Vrtba, para luego ascender a la colina de Petřín, un excepcional escenario verde en pleno centro de la ciudad, dominado por la Montaña Blanca.

▶ **Acceso:** Ⓜ Malostranská.

Plano del barrio págs. 40-41. Mapa extraíble B4, C3-4.

☉ *Nuestras sugerencias págs. 91, 98, 104, 108 y 111.*

Iglesia de Nuestra Señora Bajo la Cadena ★
(Panny Marie pod řetězem)

Lázeňská.
La basílica románica construida por los **Caballeros de Malta** fue demolida casi por completo en el siglo XIV para el santuario gótico de Nuestra Señora Bajo la Cadena. La revuelta husita (un movimiento de reforma religiosa liderado por el predicador Jan Hus) impidió que se terminara la iglesia. Los cimientos de sus torres gemelas siguen siendo, con sus contrafuertes y mampostería, testigos de tiempos austeros en el corazón del encanto diociochesco de Malá Strana. Más adelante, un espacio abierto con restos de arcadas románicas conduce a lo que fue la cabecera de la iglesia gótica, remodelada en estilo barroco a mediados del siglo XVIII. En el altar mayor, un cuadro de Škréta celebra el papel de los caballeros en la derrota de los turcos en la batalla naval de Lepanto en 1571.

Plaza del Gran Priorato ★★
(Velkopřevorské náměstí)

La plaza está dominada por el **Palacio del Gran Priorato (Velkopřevorský palác)**. Terminado en 1728 por Giuseppe Scott, fue la residencia del Gran Prior de los Caballeros de la Orden de Malta, quienes poseían parte del distrito.

Palacio Bucquoy ★
(Buquoyský palác)

Velkopřevorské náměstí 2.
Diseñado por **Jean-Baptiste Mathey** hacia 1632, fue remodelado en 1719 por František Maximilián Kaňka. Durante la época austriaca, Praga era lo suficientemente importante como para tener un consulado francés, que se alojaba en este palacio. Desde 1919, es la sede de la Embajada de Francia.

Muro de John Lennon
(Lennonova zeď)

Frente al Palacio Bucquoy, el muro cubierto de grafitis es un monumento a la resistencia y a la cultura *hippie*. Las primeras inscripciones poéticas o idealistas aparecieron en los años sesenta. Tras el asesinato de John Lennon en diciembre de 1980, un desconocido erigió un monumento al artista. En el contexto político de la Checoslovaquia comunista, esta pintada se consideró un acto de provocación: Lennon hacía campaña por la paz y la libertad, y las canciones *pop rock* occidentales estaban prohibidas por el régimen. A esta pintada le siguieron muchas otras. Las autoridades hicieron varios intentos de borrarlas, pero el muro reapareció, transformándose en un movimiento espontáneo de desafío en los últimos años del comunismo. Propiedad de la Orden de Malta, el muro se ha convertido en una atracción y fue declarado lugar conmemorativo en 2019. El municipio intenta preservar su dimensión simbólica y artística reservando un espacio para la libre expresión. Pero, a pesar de los esfuerzos, los frescos están continuamente cubiertos de etiquetas, grafitis y pegatinas que no guardan ninguna relación con el mensaje pacífico original.

Plaza de Malta ★★
(Maltézské náměstí)

El nombre de esta plaza recuerda la presencia de los Caballeros de la Orden de Malta en esta parte de Malá Strana.

El enclave fortificado autónomo de esta orden de cruzados, establecido ya en 1169, permaneció bajo la jurisdicción del gran prior de la orden hasta bien entrado el siglo XIX. La **estatua de San Juan**, su patrón, se alza en el extremo norte de la plaza. Con edificios barrocos y rococó bien conservados, la zona proporcionó un telón de fondo ideal para la película de Miloš sobre la vida de Mozart, *Amadeus*. La antigua oficina de correos de Praga (n.º 8) estaba situada aquí.

A parte del lugar al que llegaban las diligencias, esta parte de Malá Strana fue también un distrito de hoteles. Entre las celebridades que lo visitaron se encuentra Beethoven, cuya estancia en el hotel del Unicornio Dorado se conmemora con una placa en el n.º 11/285 en **Lázeňská.** El Palacio Turba (n.º 6), de estilo rococó, es un ejemplo de la obra del arquitecto Josef Jáger, actualmente la Embajada de Japón. El Palacio Nostitza (n.º 1), una enorme residencia, fue construido entre 1660 y 1670 alrededor de un patio, en un primer estilo barroco. Las estatuas que adornan la balaustrada son copias de obras de Brokoff y la magnífica puerta es un añadido rococó posterior.

Iglesia de Nuestra Señora de la Victoria - Niño Jesús de Praga
(Panny Marie Vítezná - Prazské Jezulátko)

Karmelitská 9 - ☏ 257 533 646 - www. pragjesu.info - de 08:30 a 18:00 h, do. hasta las 19:00 h - museo de 09:30 a 17:00 h, do. de 13:00 a 18:00 h.

Muro de John Lennon.

Erigida entre 1611 y 1640 por encargo de los luteranos como Iglesia de la Santísima Trinidad, está construida, sin embargo, en el estilo barroco tan apreciado por los contrarreformistas. Tras la batalla de la Montaña Blanca, la iglesia pasó a manos de los carmelitas y adoptó su nombre actual en recuerdo de la victoria de los Habsburgo. Para los praguenses, fue el primer edificio religioso barroco de la ciudad; para los españoles y los sudamericanos tiene especial importancia por ser el hogar del **Niño Jesús de Praga**, una figura de cera engastada con piedras preciosas regalada a los carmelitas en 1628 por la princesa de Lobkowicz, cuya madre era española. Se dice que esta figura hizo muchos milagros,

entre ellos proteger a la ciudad de la gran peste durante la Guerra de los Siete Años (1756-1763). Es objeto de peregrinaciones periódicas. La iglesia también alberga algunas pinturas muy bellas de Peter Brandl y tiene un pequeño museo de ropajes para la estatua del Niño Jesús.

Museo Checo de la Música ★
(Ceské muzeum hudby)
Karmelitská 2/4 - ☎ 224 497 707 - www.nm.cz - de mi. a lu. de 10:00 a 18:00 h - 140 Kč.
Ubicada en un suntuoso palacio barroco construido por el arquitecto italiano **Francesco Caratti** en el siglo XVII, la exposición presenta la historia de la música y los instrumentos

desde el siglo XVI hasta el XXI. Las piezas expuestas son de gran calidad y van acompañadas de bandas sonoras, la mayoría de las cuales permiten al visitante escuchar las melodías. Algunos instrumentos son raros, preciosos o inusuales, como un sintetizador que data de 1956. Aunque se presta especial atención a los instrumentos antiguos y a su fabricación, no se olvidan los movimientos musicales más recientes, en particular el *rock* y el *jazz*.

Jardín Vrtba ★★
(Vrtbovská zahrada)

Karmelitská 25 - ☏ 272 088 350 - www.vrtbovska.cz - de abril a octubre de 10:00 a 19:00 h - 130 Kč.
No te pierdas este rinconcito del paraíso que es el jardín barroco del palacio Vrtba. El complejo fue diseñado por el arquitecto **František Maximilián Kaňka**, que transformó una antigua casa renacentista en un gran palacio barroco. El jardín en terrazas está situado en las laderas de la colina Petřín y ofrece hermosas **vistas★★** de Malá Strana y de la ciudad.

Colina Petřín ★★
Casi enfrente del Museo Checo de la Música, el **funicular (Lanová dráha)** conduce a la cima de la colina Petřín. Aquí, los jardines son un refugio de la

🍴 La vista más hermosa de Praga

Sube al restaurante Nebozízek, en la colina Petřín, para cenar con vistas.
𝄋 *pág. 91.*

expansión urbana. Los jardines de Kinský, Strahov y el seminario forman una espléndida zona verde, que se eleva hacia la meseta que se alza hasta la Montaña Blanca, es uno de los parques más grandes de Praga.

Torre de Petřín
(Petřínská rozhledna)

☏ 257 320 112 - www.petrinska-rozhledna.cz - de 10:00 a 18:00 h; de abril a mayo y diciembre de 09:00 a 19:30 h; de junio a septiembre de 09:00 a 20:30 h - 220 Kč.
Desde el funicular, sube hacia el norte por los jardines hasta la «Torre Eiffel» de Praga. Se trata de una versión reducida, construida dos años más tarde para la Exposición Universal de 1891. Desde lo alto (299 escalones), hay una bella panorámica de Praga.

El laberinto de los espejos de Petřín
(Zrcadlové bludiště na Petříně)

☏ 775 400 052 - de octubre a marzo de 10:00 a 18:00 h; de abril a mayo y septiembre de 09:00 a 19:00 h; de junio a agosto de 09:00 a 20:00 h - 100 Kč.
Junto a la torre, el extravagante edificio pseudogótico que alberga el laberinto se supone que imita la puerta medieval de Vyšehrad. Fue el pabellón del Club Turístico Checo en la Exposición de 1891. En el interior, los espejos deformantes son fuente de risa para los visitantes (especialmente los más jóvenes). Al final del recorrido, un imponente diorama ilustra la batalla de 1848, durante la cual los estudiantes praguenses impidieron a los soldados suecos cruzar el Puente de Carlos.

Smíchov

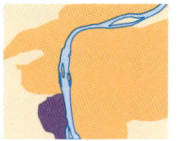

Hasta el final del régimen comunista, el antiguo barrio obrero de Smíchov era conocido por sus callejones estrechos y degradados. Completamente remodelado, ahora es un barrio moderno y dinámico con galerías comerciales y grandes multicines. Sin embargo, Smíchov combina la modernidad de sus edificios con un fuerte apego a su pasado popular, como demuestra la histórica fábrica de cerveza que aún conserva.

▶ **Acceso:** Ⓜ *Anděl*; 🚋 *4, 5, 12, 20.*
Mapa extraíble C6-8.
◉ *Nuestras sugerencias págs. 92, 108.*

Cervecería Staropramen

C7 *Pivovarska 9 - ☎ 273 553 389 - www.staropramen.com - con visita guiada (en inglés) de ma. a sá. de 10:00 a 18:00 h - reserva online - 299/349 Kč, con degustación.*
Fundada en 1869, esta fábrica de cerveza está indisolublemente ligada a la historia del distrito. En la actualidad, sigue siendo el segundo mayor productor de cerveza de la República Checa. Durante una visita al museo «vitrina» de la marca, podrás pasear entre las relucientes cubas para conocer los métodos utilizados para elaborar las diferentes cervezas, las características especiales del lúpulo checo y las aguas de manantial que han servido para elaborar algunas de las mejores *pilsener* del mundo. Degustación al final de la visita.

Meet Factory

Fuera del mapa por C8 *Ke sklárně 15 - ☎ 251 551 796 - www.meetfactory.cz - de 13:00 a 20:00 h (y tardes según programa) - galerías 100 Kč.*
Fundado por David Černý (*ver más abajo*), este centro de arte ultraconectado está ubicado en los antiguos locales de la compañía de ferrocarriles de Praga. Su vocación es reunir todos los ámbitos de la creación: exposiciones, teatro, danza, proyecciones, pero también residencias y talleres de artistas.

Musoleum David Černý

Fuera del mapa por C8 *Nádražní 2 - ☎ 721 029 804 - www.musoleum.cz - de lu. a vi. de 13:00 a 19:00 h, sá. y do. de 10:00 a 18:00 h - 300 Kč.*
Inaugurado en 2023 justo enfrente de Meet Factory, este museo está dedicado a **David Černý**, escultor y artista conceptual checo cuyas obras están repartidas por la ciudad.
La exposición de cinco plantas exhibe réplicas de sus esculturas e instalaciones: un Trabant con patas y dedos gigantes. El contenido explícito de algunas de las obras, satíricas, inquietantes y provocadoras, hace que la visita no sea apta para niños.

La Ciudad Nueva: la Plaza de Wenceslao★★★

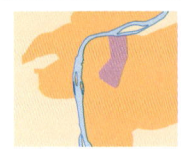

(Nové Město václavské náměstí)

Como sucede a menudo en Praga, la «novedad» de esta parte de la ciudad es relativa, puesto que fue desarrollada a mediados del siglo xiv, cuando Carlos IV propuso un proyecto de reforma, ansioso por transformar la ciudad en la capital del Sacro Imperio Romano Germánico. La Ciudad Nueva, que fue su mayor logro, cuenta con numerosos monumentos y es el centro de la vida de la ciudad, núcleo neurálgico de la vida nocturna, con bares, discotecas y clubes.

▶ **Acceso:** Ⓜ Můstek o Muzeum en cualquiera de los extremos de la plaza, o Národní třída.

Plano del barrio págs. 64-65. Mapa extraíble EF2-5.

🕝 *Nuestras sugerencias págs. 92, 98, 104, 109 y 112.*

Plaza de Wenceslao ★★★
(Václavské náměstí)
Diseñada en el siglo xiv, este amplio espacio es el centro dcomercial y de ocio de Praga, y ha sido escenario de acontecimientos clave en la historia reciente del pueblo checo. La parte central peatonal, entre las futuras líneas de tranvía (*en construcción entre 2020 y 2027*), demuestra que la Plaza de Wenceslao sigue siendo el corazón de la ciudad.

Palacio Koruna
(Palác Koruna)
Václavské náměstí 1/846, lado este.
Este monumental edificio, concluido en 1914, representa una transición entre el estilo secesión y *art déco*. Está decorado con figuras alegóricas de aspecto severo y alberga un **pasaje** comercial coronado por una elegante cúpula de cristal y hormigón.

Magasin Baťa
Václavské náměstí 6/774, lado oeste.
Este edificio histórico, sede original de las **zapaterías Baťa**, fue construido en 1927 siguiendo los principios del funcionalismo. Su diseño sirvió de modelo para edificios similares en todo el mundo.

Farmacia Adam
(Adamova lékárna)
Václavské náměstí 8/775, lado oeste.
Edificio de estilo secesión, de 1913, que presenta detalles cubistas y está ornamentado con dos espléndidas estatuas que sostienen su balcón.

Casa Peterka
(Peterkův dům)

Václavské náměstí 12/777, lado oeste .
Construida en 1899 por **Jan Kotěra**, esta casa marca un punto de inflexión en la arquitectura moderna checa. Representa una de las primeras obras del estilo secesión, que renuncia a las referencias históricas en favor de una síntesis inspirada entre funcionalidad y una ornamentación lírica pero sobria.

Hoteles Ambassador y Zlatá husa

Václavské náměstí 5/840 y 7/839, lado este.
Estos dos emblemáticos hoteles de estilo art déco fueron construidos poco antes de la Primera Guerra Mundial. Ambos forman parte de la historia arquitectónica y cultural de la ciudad.

Palacio Alfa
(Palác Alfa)

Václavské náměstí 28/785, lado oeste.
Este edificio funcionalista, construido en 1929, alberga un **pasadizo** que conduce al jardín franciscano. En su interior se encontraba el cine Alfa, el más grande de Praga en su época, con una **sala subterránea** de 1200 butacas.

Jardín franciscano ★
(Františkánská zahrada)

Acceso por Vodičkova, el pasaje del Palacio Alfa y Jungmannnovo náměstí - de 07:00 a 22:00 h; de mediados de septiembre a mediados de octubre de 07:00 a 20:00 h; de mediados de octubre a mediados de abril de 08:00 a 19:00 h.

Terminado en el siglo XIV, formaba parte del convento anexo la Iglesia de Nuestra Señora de las Nieves, y no se abrió al público hasta 1950. Tras su remodelación en 1992, se ha convertidon en un remanso de paz frente al ruido, la contaminación y el bullicio del centro de la ciudad.

 **Un aperitivo típico**

El mejor manjar de Praga: un *trdelník* caliente y espolvoreado con azúcar, para picar en un banco de la Plaza de Wenceslao. ℭ *pág. 150.*

Iglesia de Nuestra Señora de las Nieves ★
(Panny Marie Sněžné)

Jungmannovo náměstí - de 08:00 a 19:00 h (no se realizan visitas durante las misas).
En 1347, el emperador Carlos IV emprendió la construcción de esta iglesia, concebida para ser la segunda más grande de la ciudad. Aunque nunca se completó más allá del coro, este gran templo gótico incorpora elementos del estilo barroco añadidos posteriormente.

Tienda Novák ★★
(U Nováků)

Vodičkova 30/699.
Inaugurados en 1904, estos antiguos grandes almacenes, reconvertidos en **casino**, conservan una magnífica fachada de estilo secesión, decorada con un extenso y colorido mosaico de **Jan Preisler** que representa alegorías del comercio y la industria.

Palacio Lucerna ★★
(Palác Lucerna)

Štěpánská 61 - www.lucerna.cz.
Esta obra maestra del art nouveau praguense fue construida entre 1907 y 1921. Ocupa una superficie total de 21 000 m², y sus **galerías** conectan las calles Vodičkova, Štěpánská y la plaza de Wenceslao. Distribuido en nueve plantas, cuatro de ellas subterráneas, el complejo alberga restaurantes, tiendas, cafés, un cine y salas de conciertos.
No olvides mirar hacia arriba al cruzar bajo la célebre **estatua de San Wenceslao** montado en un caballo invertido, obra satírica de **David Černý** (1999). Otra curiosidad: a la izquierda de la salida hacia la calle Štěpánská se encuentra un **ascensor paternoster**, compuesto por cabinas que se desplazan en continuo movimiento.

Casa Wiehl
(Wiehlův dům)

Václavské náměstí 34/792, lado oeste.
Es un ejemplo del exuberante estilo neorrenacentista checo. Construido entre 1895 y 1896, presenta coloridos murales, frontones, torrecillas y una torre con reloj.

Banco de Moravia ★
(Moravská banka)

Václavské náměstí 38 - 40/794-795, lado oeste.
Cuando se terminó de construir en 1918, este edificio, que domina la esquina de la calle Štěpánská, fue calificado como un «monstruo arquitectónico». Está coronado por una cúpula con multitud de elementos decorativos.

Grand Hotel Evropa y Hotel Meran ★

Václavské náměstí 25-27/865-825, lado este.
Construidos entre 1903 y 1905, son dos ejemplos paradigmáticos del estilo secesión en Praga. Los detalles son extremadamente elegantes y delicados. Sobre los arcos acristalados de la planta baja, la fachada presenta herrajes sofisticados y un frontón cubierto de mosaicos y coronado por una linterna, obra de **Ladislav Šaloun**.

Hotel Jalta

Václavské náměstí 45/818, lado este.
Inaugurado en 1956, el Hotel Jalta representa su época con la misma fuerza que el Hotel Evropa. Considerado el mejor ejemplo en Praga del estilo conocido como realismo socialista, combina esta estética con un toque de lujo discreto en sus acabados y detalles.
En su sótano se encuentra un antiguo refugio nuclear, hoy reconvertido en el **Museo de la Guerra Fría** (*☎ 776 043 258 - es.muzeum-studene-valky.cz - reserva previa - visita guiada en inglés - de 10:00 a 16:00 h - 400 Kč),* donde se exponen armas, máscaras antigás, maniquíes uniformados y equipos de radio.
☺ *Justo al lado, en la esquina de la calle Opletalova, se encuentra el* **edificio Primark** *(2021), con su fachada de cristal surcada por líneas ondulantes.*

Mánesuv most

U Južlého semináře

Šíroká

STAROMESTSKÉ NÁMĚSTÍ

Staroměstská

Partízská

Masná

Rybná

Náměstí Republiky

Malá Štupartská

Jakubská

Náměstí Republiky

Na celní

Sv. Mikuláš

Týnská

MATKY BOŽÍ PRED TÝNEM

Celetná

KARLUV MOST

Křižovnícká

Karlova

Retezová

Anenská

Lilíová

Carolinum

Prašná brána

Myslbek

Živnostensk banka

F

Příkope

Na

Sv. Kríže

Ceskoslovenská obchodní banka

Náprstkova

Husova

Jilská

Michalská

V kotcích Rytírská

Palác Koruna

H

24

Dum U cerné ruže

Muchovo muzeum

Karolíny Světlé

Betlémská

Ambassador

Bat'a

Zlatá Husa

16

Smetanovo nábřeží

Panny Marie Snežné

Mustek

K L

G

32

Palác Alfa

Evropa

Meran

Politíckých ve.

53

12

27

Palác Adria trída

Wiehluv dum

Moravská banka

Jalta Hotel

Secesní stavby

Bartolomejská

4 9

16

Frantíškánská zahrada

VÁCLAVSKÉ NÁMĚSTÍ

Café Slavia

18

12

Národní

Spálená

Národní Trída

31 19

17

Sv. Voršíly

U Nováku

Palác Lucerna

NÁRODNÍ DIVADLO

47 29 73

Vladíslavova

Jungmannova

21

19

Pomník svätéh Václava

Masarykovo nábřeží

21

Cerná

22

Školská

Lazarská

Ve Smeckách

Krakovská

Mezíbran

60

Kremencova

Pštrossova

Navrátilova

30

70

Myslíkova Na zborení

7

Novoměstská radnice

10

Reznická

Stepánská

Žitná

Slovanský ostrov

6

Na zderaze

Sv. Cyrila a Metoděje

Karlovo

Malá

Na Rybníčku

Tüních

Hálkova

Žitná

Sokolská

34

Jiráskuv most

Dittríchova

Resslova

Stepánská

Sv. Ignáce

Jecná

I.P. Pavlova

6

Tančící dum

Václavská

náměstí

11

Lípová

Katerínská

Ke

Náplavka

Trojanova

Karlovo náměstí

Morán

U

nemocnice

Muzeum Antonína Dvoráka

bojíští

Palackého most

Rašínovo nábřeží

Faustuv dum

Sv. Jana na Skalce

Vínícná

Karlov

Na Celné

Horejší nábřeží

Janáckovo nábřeží

Pod Slovany

Všehradská

Benátská

Emauzy - kláster na Slovanech

Apolínárská

Strelecký ostrov

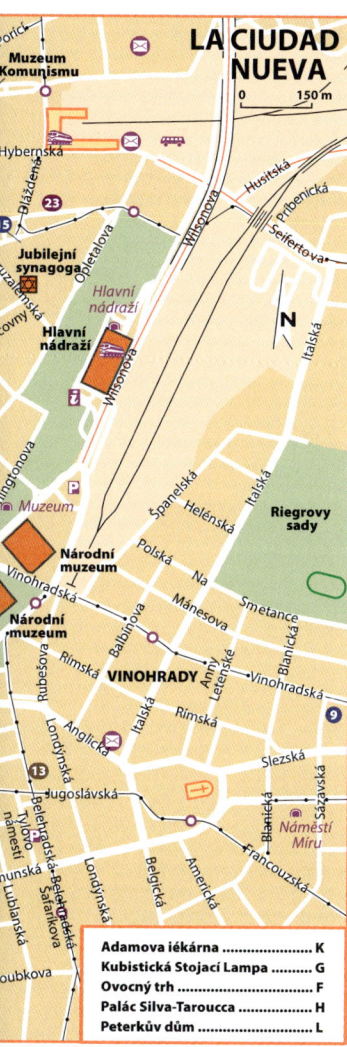

DÓNDE COMER

Myslikova **7**
Jiná krajina **10**
Kabul **12**
Špejle **16**
Výtopna Railway Restaurant **17**
Libeřské Lahůdky. **22**
U Medvídků **27**
Pizzeria Kmotra **47**
Století. **53**
Žofin Restaurant **60**
Art Restaurant Mánes **70**
Kavárna Velryba **73**

DÓNDE BEBER

(A)Void Café **6**
La Bohème Café **9**
Vinograf. **15**
Café Slavia **18**
Cukrárna Myšák **19**
Rybka **21**
Groove Bar **29**
Mammacoffee. **30**
Glass Bar **34**

DE COMPRAS

Antikvariát Křenek. **16**
La femme Mimi. **19**
Jan Pazdera **21**
Harddecore Gallery **23**
Moser. **24**
Cellarius. **26**
Bohéma **31**
Cvrk. **32**
Terryho Ponožky. **36**

SALIR POR LA NOCHE

Lucerna Rooftop. **1**
Image Black Theatre **4**
Vagon Music Club **9**
Lucerna Music Bar **10**
Salmovská Literární Kavárna **11**
Vzorkovna. **12**
Radost FX **13**

DÓNDE DORMIR

K+K Hotel Fenix **1**
Mosaic House **6**

65

Estatua de San Wenceslao ★★
(Pomník svätého Václava)
Václavské náměstí (en la mediana central).
Conocida en todo el mundo, la estatua ecuestre del patrón del país es la obra maestra de **Josef Václav Myslbek** (1848-1922). Diseñada en 1887 y finalizada en 1913, es uno de los símbolos de Praga. A principios de la década de 1920 se añadieron cuatro figuras laterales, que representan a Ludmila, Inés, Procopio y Adalberto (Vojtěch), santos patronos de Bohemia. Se sitúan en las esquinas de una sólida base de granito pulido, decorada con un verso del antiguo coral medieval: «No nos dejes morir a nosotros ni a nuestros descendientes».

Museo Nacional ★★
(Národní muzeum)
Václavské náměstí 68 - Ⓜ *Muzeum - ☎ 224 497 111 - www.nm.cz - ♿ - de 10:00 a 18:00 h - 300 Kč.*
El imponente Museo Nacional se alza en el extremo sur de la plaza de Wenceslao, donde antes se encontraba una de las antiguas puertas de la ciudad. Fundado en 1885 por iniciativa del conde **Kaspar von Sternberg**, su objetivo fue reunir las valiosas colecciones científicas e históricas que se remontaban al inicio del siglo XIX. Diseñado por el arquitecto **Josef Schultz**, el edificio neorrenacentista se abrió al público cinco años después. Tras haber estado durante años en avanzado estado de deterioro, fue sometido a una profunda restauración y remodelación. Un ascensor permite acceder a la **cúpula★** (*Kopula*), que corona el edificio y ofrece una excepcional vista panorámica de la Plaza de Wenceslao, el Castillo y el centro de la ciudad. El edificio histórico alberga varias exposiciones temporales. La pieza central del museo es la extraordinaria **Galería de los Milagros de la Evolución★** (2ª planta), completamente rediseñada con una museografía contemporánea que incorpora animaciones de luz y sonido, proyecciones inmersivas y pantallas interactivas. A lo largo del recorrido, desde los orígenes de la vida, los dinosaurios y la vida submarina, hasta el mundo de las aves y los mamíferos, se pueden admirar criaturas fascinantes, muchas de ellas naturalizadas.
No te pierdas la **Sala de Minerales** (1ª planta), incluso si la temática no es de tus favoritas. Después de explorar la vida en todos sus aspectos, contemplar miles de rocas magníficas, en una asombrosa variedad de colores y texturas, ofrece un panorama excepcional de la riqueza geológica de nuestro planeta.
El edificio histórico está conectado con el nuevo por una galería subterránea. En sus largos muros, la instalación **Momentos de la Historia** presenta sutiles animaciones luminosas que recorren la agitada historia de la plaza de Wenceslao desde el siglo XIX. El antiguo edificio de la Asamblea Federal de Checoslovaquia, y más tarde de la emisora de radio Svobodná Evropa, destaca por su moderna arquitectura metálica, en marcado contraste con la piedra del edificio principal.

66

El balcón de la Revolución

El edificio de 1912, situado en el **n.º 36** de la Plaza de Wenceslao, es más conocido como **edificio Melantrich**, en homenaje al famoso impresor praguense del Renacimiento. En noviembre de 1989, albergó las oficinas de **Svobodné slovo** (*Libre expresión*), el primer periódico que se opuso abiertamente al yugo del comunismo. Durante la Revolución de Terciopelo, que condujo a la caída del comunismo, desde el balcón de este edificio Václav Havel, escritor disidente y futuro presidente, y Alexander Dubček, antiguo primer ministro y héroe de la Primavera de Praga de 1968, se dirigieron a cientos de miles de personas reunidas en la Plaza.

También acoge eventos temporales, y una nueva exposición permanente titulada *La Historia del Siglo xx*, dedicada al país entre 1914 a 2004: desde la Primera Guerra Mundial hasta la adhesión a la Unión Europea, pasando por el período comunista. Temas como la guerra, el trabajo, el ocio, el deporte, la música, la propaganda o la vida cotidiana se abordan a través de objetos sencillos y conmovedores, que dan vida a esta historia y le aportan profundidad.

Estación central ★
(Hlavní nádraží)

Wilsonova.
Una vez superadas las modernas instalaciones, se accede al corazón histórico de la estación, diseñado y decorado por el arquitecto **Josef Fanta** e inaugurado en 1909. ¡Todo estaba concebido para causar la mejor impresión posible a los visitantes! En un estilo que incorpora todas las variantes del *art nouveau*, una enorme arcada decorada con frescos domina el vestíbulo principal, todo ello situado bajo una cúpula que convierte al complejo en el segundo edificio más

importante del estilo en Praga, después del ayuntamiento.

Sinagoga del Jubileo ★
(Jubilejní synagoga)

Jeruzalemská 1310/7 - ☏ *224 800 812 - de abril a octubre de do. vi. de 10:00 a 17:00 h - cerrado fiestas judías - 150 Kč.*
Retirada del barrio judío, esta sinagoga, que data de 1906, es también la más reciente y la más grande. Debe su nombre a las Bodas de Oro del emperador Francisco José I de Austria, celebradas en 1898. Con sus vivos colores, que evocan la decoración sefardí, suele ser una de las preferidas por los turistas. Los arquitectos Wilhelm Stiassny y František Fröhlich fueron los responsables de la construcción del edificio, que combina influencias orientales (estilo morisco) e innovaciones arquitectónicas del estilo secesión.

Museo del Comunismo ★
(Museo Komunismu)

V Celnici 4 - Náměstí Republiky - ☏ *224 212 966 - muzeumkomunismu.cz - de 09:00 a 20:00 h - 380 Kč.*

Museo del Comunismo.

Los aficionados a la historia disfrutarán sumergiéndose en la realidad del régimen totalitario que gobernó el país de 1948 a 1989. Las salas reúnen diversos objetos y documentos, como teléfonos, carteles, envases y otros productos *made in communism*. Un documental sobre la Primavera de Praga e imágenes de archivo sobre el comunismo completan la exposición.

Na Příkopě ★★

La calle «sobre el foso» sigue la línea de las murallas de la Ciudad Vieja, entre el ayuntamiento de Náměstí Republiky (☉ *pág. 19*) y la Cruz de Oro, bajo la Plaza de Wenceslao. Cuando se demolieron las fortificaciones, el foso fue drenado y se convirtió en un lugar abandonado y peligroso, una trampa para los cocheros que se atrevían a aventurarse por la estrecha vía que discurría junto a él. En 1760, fue finalmente reconstruido para crear un bulevar generosamente arbolado. A finales del XIX se convirtió en el principal lugar de residencia de los alemanes de Praga y un paseo dominical donde los estudiantes lucían sus colores con la esperanza de provocar a los transeúntes checos. Una gran variedad de edificios históricos, como el **Banco Comercial Checoslovaco (Československá obchodní banka)**, terminado por B. Bendelmayer en 1933, se suman a los encantos de un paseo por Na Příkopě, libre de tráfico y tranvías.

Antiguo banco de inversiones ★

(Živnostenská banka)

Na Příkopě 20/858, lado sur.
Este magnífico edificio neorrenacentista fue finalizado en 1896 por **Osvald Polívka**. Considerado uno de los grandes monumentos del centro de la ciudad, está profusamente decorado en todos sus lados por destacados artistas como Mikoláš Aleš, Stanislav Sucharda, Max Švabinský y Bohuslav Schnirch.

Myslbek

Na Příkopě 19, lado norte.
Terminado en 1997, este **multicine** con fachada de acero y cristal representa la modernidad de Na Příkopě.

Casa de la Rosa Negra

(Dům U černé růže)

Na Příkopě 12/853, lado sur.
El edificio que ocupaba el emplazamiento de la Casa de la Rosa Negra a principios del siglo XV fue cedido por los husitas a sus aliados de habla alemana. Uno de ellos, Nicolás de Dresde, fue martirizado en la hoguera por difundir las enseñanzas de Jan Hus en la vecina Sajonia.
La fachada neorrenacentista de 1847 se alza junto a una galería de cristal y hormigón de entreguerras, diseñada por el arquitecto funcionalista Oldřich Tyl, que abre un **pasaje** a la calle Panská.

Palacio Silva-Taroucca

(Palác Sylva-Taroucca)

Na Příkopě 10/852, lado sur.
En renovación.

Este magnífico palacio rococó de 1751, también conocido como Palacio Savarin, fue diseñado por **Kilián Ignác Dientzenhofer** y **Anselmo Lurago**. Las estatuas en las cornisas, obra de Ignaz Platzer el Viejo, refuerzan su dinamismo. La magnífica escalera, que lamentablemente no puede verse hoy en día, presenta otras obras de Platzer, así como yeserías de Giovanni Bossi y frescos de Václav Ambrosi. Actualmente, el palacio alberga un casino, pero se está llevando a cabo amplio proyecto de revitalización del edificio y los patios contiguos (cuya finalización está prevista para 2027). En particular, se creará un espacio para albergar la obra maestra de Alfons Mucha, la **Epopeya Eslava**, compuesta por veinte lienzos de ¡6x8 m!

Museo Mucha

(Muchovo muzeum)

Panská 7 - ☎ 224 216 415 - www. mucha.cz - 350 Kč.
Aunque a menudo se considera que representa la quintaesencia del art nouveau parisino, **Alfons Mucha** (👁 *pág. 139*) era de origen moravo. La exposición es bastante reducida, pero ofrece una panorámica interesante de diversas facetas del talento de Mucha. Una sección está dedicada a su trabajo en París, otra a sus carteles menos conocidos de temática checa, y la tercera, quizá la más interesante, a sus óleos. Además, un documental recorre la vida del artista. Si bien la colección no es muy extensa, en la tienda del museo se pueden encontrar una variedad de artículos relacionados con Mucha.

La Ciudad Nueva: alrededores de la Plaza Carlos★

(Nové Město Karlovo náměstí)

Un lugar perfecto para pasear, la Plaza Carlos es también el centro de un barrio muy animado y dinámico desde el punto de vista económico. Alrededor se alzan edificios de diversos estilos, que abarcan desde lo medieval a lo contemporáneo. Para llegar, toma Národní třída que, al igual que Na Příkopě, fue trazada a lo largo de las murallas de la Ciudad Vieja cuando se restauró el foso. Esta amplia avenida desemboca en las orillas del Moldava, animada por las las coloridas fachadas del muelle Masaryk.

▶ **Acceso:** Ⓜ Národní třída y Karlovo náměstí.

Plano del barrio págs. 64-65. Mapa extraíble CD4-7, EF5-7.

◔ *Nuestras sugerencias págs. 92, 98, 104, 109 y 112.*

Avenida Nacional ★

(Národní třída)

El nombre de esta amplia avenida se remonta a la creación del nuevo Estado checoslovaco, el 28 de octubre de 1918. Alineada con edificios construidos en su mayoría a principios del siglo xx, esta vía fue escenario de algunos de los principales acontecimientos del siglo pasado.

> 🍴 **Comida retro**
>
> Cerca de Národní třída, U Medvídků sirve especialidades checas que casi han desaparecido.
> ◔ *pág. 94.*

Palacio Adria ★★

(Palác Adria)

Národní třída 40.
Construido entre 1922 y 1924, este extraordinario edificio es el proyecto más ambicioso jamás realizado en estilo **rondocubista** (◔ *pág. 139*). Fue diseñado por los arquitectos Pavel Janák y Josef Zasche, y los detalles esculpidos fueron creados por Jan Štursa y Bohumil Kafka. El sótano de este edificio albergó en su día la famosa **Laterna Magika** (actual teatro Za bránou II), al que se accede por un pasadizo decorado. Fue aquí donde, en noviembre de 1989, **Václav Havel** se encerró con sus camaradas del Foro Cívico para lo que desembocaría en la **Revolución de Terciopelo**.

El Teatro Nacional.

Palacio barroco

Národní třída 16, lado sur.
En la fachada de este palacio barroco, una discreta placa coronada por manos esculpidas que forman la V de la Victoria conmemora la manifestación estudiantil no violenta del 17 de noviembre de 1989. Sofocada por la policía, se considera uno de los acontecimientos decisivos que precedieron a la Revolución de Terciopelo (🄲 *pág. 143*).

Iglesia de Santa Úrsula ★
(Sv. Voršily)

Národní třída 8, lado sur.
Construida entre 1698 y 1704 por Marco Antonio Canevale para el Convento de las Ursulinas, es una de las primeras iglesias del barroco tardío de Praga. El interior, restaurado con prodigioso cuidado, está notablemente ornamentado. Alberga estatuas de Preiss, un retablo de Santa Úrsula de K. Liška, y una Asunción de **Peter Brandl** (🄲 *pág. 138*).

Edificios secesión ★★

Národní třída 7 y 9, lado norte.
Estos dos edificios de oficinas se encuentran entre los edificios secesión más elegantes de la ciudad. Ambos obra de **Osvald Polívka**. El n.º 7 se construyó entre 1903 y 1906, y el n.º 9 entre 1906 y 1908. Sus fachadas combinan armoniosamente líneas arquitectónicas precisas con una ornamentación rica, pero no excesiva.

Café Slavia

Národní třída 1, lado norte. ☎ *224 218 493 - www.cafeslavia.cz - de 10:00 a 23:00 h, do. hasta las 22:00 h.*
Situado en la esquina de Národní y el muelle del Moldava, ofrece inigualables vistas del río. Este legendario café disfrutó de un largo período de gloria (**Smetana** compuso su ópera *La novia vendida* en una de sus mesas). Bajo el régimen comunista, fue refugio de intelectuales, espiados por miembros de la policía secreta. Reabrió al público en 1997 tras varios años cerrado.

Teatro Nacional ★★★
(Národní divadlo)

Národní třída 2 - ☎ *224 901 448 - www.narodni-divadlo.cz.*
Producto de la exaltación del patriotismo checo, el teatro fue financiado por contribución popular e inaugurado en 1881. Menos de dos semanas después, fue destruido por un incendio. Una nueva contribución ciudadana recaudó el dinero necesario para reconstruirlo. Las obras del nuevo teatro se encargaron a **Josef Schultz**, quien trabajó en estilo neorrenacentista. El escultor **Myslbek** diseñó las estatuas que decoran la fachada del lado del Moldava.
😊 *Si asistes a una representación, fíjate en que los adornos del telón recuerdan la contribución checa a la financiación del edificio.*
En 1983 se añadió un moderno edificio en el lado este del Teatro Nacional, el **Nová Scéna**, el Nuevo Escenario, que acoge **Laterna magika**, un espectáculo que combina pantomima, música, cine y teatro negro. Su fachada de adoquines de vidrio no ha recibido una aprobación unánime: ¡se la ha comparado con un plástico de burbujas!

Isla de los Tiradores
(Střelecký ostrov)

En 1890, la isla fue escenario de las primeras grandes celebraciones del Primero de Mayo. Fue la sede de los clubes de tiro de la ciudad hasta 1948. En el extremo norte, un **parque** ofrece maravillosas vistas del río, el Puente de Carlos y la ciudad.

Náplavka ★

Remodeladas y abiertas al público en 2011, las **orillas del Moldava**, por debajo de Rašínovo nabřeží (muelle Rašín), ofrecen un agradable paseo desde el puente ferroviario al Teatro Nacional. Con su animada vida nocturna y el **desfile** que se forma cada sábado de marzo a octubre, el lugar se ha convertido en visita obligada para los locales. Además, cuenta con una original vista de los puentes y del Castillo.

Isla Eslava ★
(Slovanský ostrov)

Con su quiosco de música y su paisaje agradablemente rediseñado, es un lugar para relajarse y pasear por Praga. En el siglo XIX, la isla fue escenario de actos patrióticos, como el Congreso de los Paneslavos, preludio de la revolución de 1848. Aquí se estrenaron varias obras musicales, entre ellas *Má Vlast (Mi patria)*, de Smetana. Todavía se celebran conciertos en el **Palacio Žofín**, una sala polivalente remodelada en 1884.

En una sorprendente yuxtaposición, la antigua **torre de agua** ennegrecida, coronada por una cúpula, se alza junto al **inmaculado edificio** blanco de Mánesa, que une la isla con la ciudad. La historia cultural, social y gastronómica (*C pág. 94*) del complejo funcionalista, reconocible por la torre cercana, se remonta a 1928-1930, cuando el arquitecto Ottokar Novotný emprendió su construcción.
Un poco más al norte, el río alcanza su mayor anchura, 330 m. En el extremo, en verano se pueden alquilar **barcas** para seguir el curso del río hasta el Puente de Carlos (*C pág. 118*).

Muelle Masaryk ★
(Masarykovo nábřeží)
El cruce entre la Ciudad Nueva y el Moldava adopta la forma elegante y colorista de una sucesión de fachadas de edificios secesión.

Casa danzante ★★
(Tančící dům)
Ⓜ *Karlovo Nám.*
En la esquina de Resslova y el muelle Rašín, este impresionante edificio de oficinas posmoderno de 1996 fue diseñado por el arquitecto californiano **Frank Gehry** y el checo **Vlado Milunić**. Sus torres entrelazadas le han valido el sobrenombre de «Ginger y Fred», en referencia a Ginger Rogers y Fred Astaire, la legendaria pareja de los musicales de Hollywood.

Puente Palacký
(Palackého most)
En Rašínovo nábřeží, el **monumento secesión★** es una estatua del historiador checo František Palacký (1798-1876), que vigila el puente.

Iglesia de San Juan de la Roca ★
(Sv. Jana na Skalce)
Vyšehrdaská 49.
Construido hacia 1730, este complejo geométrico es obra del arquitecto barroco **K. I. Dientzenhofer**. El interior solo está abierto para las misas. Las ventanas del monumento, colocadas a diferentes alturas, contribuyen a dar una sensación de movimiento.

Convento de Emaús ★
(Emauzy - klášter na Slovanech)
Vyšehradská 49 - ☏ 221 979 228 - www.opatstvi-emauzy.cz - de lu. a sá. de 11:00 a 17:00 h; de noviembre a abril de lu. a vi. hasta las 16:00 h - 90 Kč.
Fundada por Carlos IV y dirigida por benedictinos croatas, quiso acercar las Iglesias oriental y occidental. Parcialmente destruido, el campanario fue sustituido por una aguja doble bajo el régimen comunista. Cuenta con ermosos frescos en el **claustro★**.

Casa de Fausto
(Faustov dům)
Karlovo náměstí 40.
Ocupando la esquina suroeste de la plaza, este gran edificio nunca perteneció en realidad al célebre médico. Lleva este sobrenombre porque durante mucho tiempo fue el hogar de alquimistas de renombre.

Plaza Carlos ★
(Karlovo náměstí)
Este antiguo **Mercado de ganado** ocupa 8,5 ha. Es uno de los tres espacios públicos creados a mediados

del siglo XIV como centros de la Ciudad Nueva de Carlos IV. Los habitantes se reunían para escuchar las proclamas imperiales o contemplar las santas reliquias, expuestas una vez al año. Transformada en parque en el siglo XIX, la plaza se convirtió en un oasis verde.

Iglesia de San Ignacio ★
(Sv. Ignáce)
Ječná 2.
Junto con el colegio vecino, que ocupa medio lado de la plaza, formaban la sede de la orden jesuita en la Ciudad Nueva. Diseñado entre 1665 y 1670 por **Carlo Lurago** según el modelo de los santuarios de la orden en Roma, la iglesia proclamaba las alabanzas del fundador de la orden, San Ignacio de Loyola, cuya estatua se alza sobre el frontón. El interior está ricamente decorado.

Catedral de los Santos Cirilo y Metodio ★
(Sv. Cyrila a Metoděje)
Resslova 9 - de ma. a do. de 08:00 a 17:00 h (julio y agosto, do. de 08:00 a 14:00 h).
Este edificio barroco, originalmente dedicado al culto católico, fue diseñado por P. I. Bayer y terminado en 1736 por K. I. Dientzenhofer.
En la década de 1930, se convirtió en la catedral de la Iglesia Ortodoxa Checa, y en 1942 fue escenario de violentos combates. La cripta es ahora el **Monumento Nacional a las Víctimas del Terror de Heydrich (Národní památník obětí heydrichiády -** *acceso bajo la escalera exterior - de ma. a do. de 09:00 a 17:00 h - entrada gratuita).*

Ayuntamiento de la Ciudad Nueva ★
(Novoměstská radnice)
Karlovo náměstí 23 - ✆ 224 948 229 - www.novomestskaradnice.cz - acceso a la torre: de ma. a do. de 10:00 a 18:00 h - 60 Kč - acceso a las galerías durante exposiciones temporales: de 10:00 a 18:00 h - 50 Kč.
Con su alta torre, domina el lado norte de la Plaza Carlos. El edificio, que en 1419 fue escenario de la primera defenestración de Praga, alberga varias galerías y un café-restaurante muy agradable en el patio. Pero es su **vista★** sobre Praga desde lo alto de la torre (221 escalones) lo que llama realmente la atencion.

Museo Dvořák - Villa Amerika ★
(Museo Antonína Dvořáka)
Ke Karlovu 20 - ✆ 224 918 013 - www.nm.cz - de ma. a do. de 10:00 a 17:00 h - 70 Kč.
En 1720, el conde Jan Václav Michna encargó a **K. I. Dientzenhofer** la construcción de una residencia de verano en el sur de la Ciudad Nueva, todavía muy rural. La **villa★** es una composición barroca: un jardín francés adornado con estatuas de Braun rodea un edificio central flanqueado por pabellones. Desde 1932, alberga un pequeño **museo** dedicado al compositor **Antonín Dvořák** (*◉ pág. 144*). En su interior hay una hermosa sala decorada con frescos de Johann Ferdinand Schor. Se organizan veladas musicales.

Vyšehrad★★

Al sur del centro de la ciudad, la fortaleza rocosa de Vyšehrad
defendía antaño las afueras de Praga. Impregnada de mitos
e historias relacionadas con la fundación de la ciudad, se convirtió en un foco del
nacionalismo checo a finales del siglo xix. Vyšehrad conserva un aire rural
y alberga varios monumentos interesantes, como una hermosa iglesia y algunos
ejemplos de arquitectura cubista.

▶ **Acceso:** 🚊 3, 17 o 21, parada Výtoň ; 7, 18, 24, parada Albertov, Ⓜ Vyšehrad.
Mapa extraíble DE7-8.
◔ *Nuestras sugerencias págs. 94 y 100.*

Fortaleza de Vyšehrad ★★

DE8 *Acceso Špička Gate (V Pevnosti, al
sur) o Brick Gate (Vratislavova, al norte)
- ☏ 241 410 348 - www.praha-vyse-
hrad.cz - acceso gratuito a la zona de
la fortaleza. Centro de información y
taquilla: Puerta de Leopoldo de 10:00 a
18:00 h - visitas guiadas: visita corta
(Brick Gate, Casamatas y Sala Gorlice)
cada hora de 10:00 a 17:00 h, 170 Kč;
visita larga (reservar con una semana
de antelación, duración 60-80 min);
visita corta + murallas, cementerio y
exteriores, 240 Kč - visita Casamatas
de San Martín 170 Kč.*

Rotonda San Martín
(Rotonda sv. Martina)

El monumento más antiguo de la
fortaleza se encuentra junto a la **Puerta
Tábor (Táborská brána)**, que protege
la entrada oriental del Castillo.
La Rotonda de San Martín, una antigua
iglesia románica construida en 1070 y
convertida posteriormente en almacén
de municiones, fue completamente
restaurada en el siglo xix .

Puerta de ladrillo
(Cihelná brána)

El edificio alberga una exposición
dedicada a la historia de las
fortificaciones de Praga, con una
proyección de vídeo en 3D.

Galería Vyšehrad

☏ *241 410 348 - abierto durante las
exposiciones: de lu. a vi. de 13:00 a
18:00 h (sá. y do. desde las 10:00h) - 20 Kč.*
Este bastión que domina el Moldava
acoge regularmente exposiciones
de arte contemporáneo.

Cuevas góticas

Visita incluida en el recorrido.
Junto a la galería se encuentra
la entrada a un conjunto de salas
subterráneas que datan del reinado
de Carlos IV. Alberga una exposición
dedicada a la historia de Vyšehrad.

Casamatas

La **Sala Gorlice**, la mayor de las salas
subterráneas, exhibe seis originales
de las famosas esculturas que adornan
el Puente de Carlos.

Estatuas de Myslbek★

Cuatro grupos de estatuas de **Josef Václav Myslbek**, autor de la estatua de San Wenceslao (☞ *pág. 63*), incluyen las figuras de Libuše y de Přemysl, una pareja de labradores.

Basílica de San Pedro y San Pablo★
(Sv. Petra a Pavla)

De abril a octubre de 10:00 a 18:00 h, de ju. a vi. hasta las 17:30 h, do. de 11:00 a 18:00 h; de noviembre a marzo de 10:00 a 17:00 h, do. desde las 11:00 h - 130 Kč. Restaurada a lo largo de los años, esta iglesia (de finales del siglo XI) fue completamente rediseñada en estilo neogótico por **Josef Mocker** en los años 1880. El interior se rehizo con una atrevida decoración policromada. ☺ *Mientras paseas por Vyšehrad, admira la* **estatua ecuestre de San Wenceslao**, *cerca de la Basílica de San Pedro y San Pablo. Se trata de una primera versión (esculpida por Bendl en 1678) de la obra que hoy se erige en la Plaza de Wenceslao.*

Cementerio de Vyšehrad★
(Vyšehradský Hřbitov)

De 08:00 a 19:00 h; de marzo a abril y octubre hasta las 18:00 h; de noviembre a febrero hasta las 17:00 h. Construido a finales del siglo XIX, alberga las tumbas de unas 600 personalidades checas que han pasado a la historia nacional. La cantante **Emma Destinnová** (1878-1930) se codeará para siempre con el compositor **Bedrich Smetana** (1824-1884), el poeta **Jan Neruda** (1834-1891) y el pintor **Alfons Mucha** (1860-1939). Este último está enterrado en el Slavín, un mausoleo reservado a las figuras más ilustres, diseñado por el arquitecto praguense Antonín Wiehl. Algunas de las tumbas son auténticas obras de arte, como la de **Antonín Dvořák** (1841-1904), creada por el escultor **Ladislav Šaloun**.

Murallas★

Comienza tu recorrido en dirección este y baja hacia el oeste, por la Puerta de ladrillo, hasta las casas cubistas. Puedes pasear por las casi completas murallas de Vyšehrad. Ofrecen unas espléndidas vistas río arriba en dirección a las rocas de Bráník y Barrandov, y desde el Castillo hacia el norte, con la Ciudad Nueva, Smíchov y Malá Strana.

> 🍴 **Almuerzo al aire libre**
>
> Cuando hace buen tiempo, el encantador Hospůdka Na Hradbách abre su terraza con vistas a la ciudad. ☞ *pág. 94.*

Casas cubistas ★

D7-8 Entre 1911 y 1914, el cubismo estaba de moda en Praga, como demuestra la **Casa de la Madona Negra** (☞ *pág. 22*). El grupo de casas cerca de Vyšehrad, diseñado por el arquitecto **Josef Chochol** (☞ *pág. 139*), son un conjunto único. Siempre merece la pena detenerse ante el n.º 6-10 del **muelle Rašín**, los n.º 2 y 30 de la **calle Neklanová** o el n.º 3 de la **calle Libušina** (Villa Kovařovič), para admirar sus atrevidos detalles arquitectónicos.

Vinohrady★★ y Žižkov★

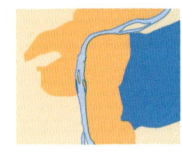

Aunque geográficamente cercanos, estos dos distritos son muy diferentes: desde el siglo xix, Vinohrady ha sido el hogar de la burguesía praguense, mientras que Žižkov es un barrio más popular, que tiende hacia el aburguesamiento. Vinohrady alberga un gran número de villas y edificios secesión, mientras que Žižkov, conocido como el «barrio rojo» por su población comunista en los años veinte, está mayoritariamente construido en ladrillo.

▶**Acceso:** Vinohrady: Ⓜ Náměstí Míru o Jiřího z Poděbrad ; Žižkov: ⓂFlorenc.
Mapa extraíble FH 3-7.
𝒞 *Nuestras sugerencias págs. 95, 106, 110 y 113.*

Parque Rieger ★
(Riegrovy sady)
FG4-5 Construido en las laderas de Vinohrady, el **Parque Rieger** ofrece hermosas vistas de la ciudad.
En verano, se instala aquí una cervecería al aire libre, uno de los **Beer Garden** más agradables de Praga (*www.parkriegrovysady.cz*).

Iglesia del Sagrado Corazón ★
(Chrám Nejsvětějšího Srdce Páně)
GH5 *Náměstí Jiřího z Poděbrad - www. srdcepane.cz - interior visible desde la entrada - de 09:00 a 17:00 h.*
Esta iglesia en forma de templo, que se halla en una animada plaza, es obra del arquitecto del Castillo, **Josip Plečnik** (1872-1957), considerado por algunos un precursor del posmodernismo.
Sobre la nave, sencilla y espaciosa, se eleva una torre de 42 m, ancha y alta, rodeada de esbeltas pirámides y un gran reloj. La sobria decoración interior incluye retablos y estatuas diseñados por Plečnik.

Torre de la Televisión
(Televizní vysílač)
G4-5 *Mahlerovy sady 1 -* Ⓜ *Jiřího z Poděbrad - 𝄞 210 320 081 - www. towerpark.cz - observatorio: de 09:00 a 00:00 h - 300 Kč.*
Con sus antenas, la Torre de la Televisión se eleva 216 m sobre el **Antiguo cementerio judío,** parte del cual se desbrozó para alojar esta estructura futurista en forma de trípode, que contrasta con su entorno –especialmente desde que se añadieron las esculturas de bebés gateando, obra del artista **David Černý**–. A 93 m de altura, el bar-restaurante y la plataforma superior de la torre ofrecen una espléndida vista **panorámica★** de Vinohrady y Praga. La torre también tiene un bar, un restaurante y un hotel (ide una habitación!).

Museo de la Ciudad de Praga ★★
(Muzeum hlavního města Prahy)

F3 *Na Poříčí 52 -* Ⓜ *Florenc -*
✆ *224 816 772 - www.museumprahy.cz.*
En la parte noreste de la Ciudad Nueva, el Museo de la Ciudad de Praga está en un palacio neorrenacentista diseñado por el arquitecto **Antonín Wiehl**. Alberga una fascinante colección que relata la vida cotidiana de los praguenses y el desarrollo de la ciudad a lo largo de los siglos.

Monumento Nacional ★
(Národní památník)

G3 *U Památníku 1900 -* Ⓣⓡⓐⓜ *5, 9, 26 Lipanská - www.nm.cz - de abril a octubre de mi. a do. de 10:00 a 18:00 h; de noviembre a marzo de ju. a do. de 10:00 a 18:00 h - 120 Kč.*
Estés donde estés en Praga, podrás ver este inmenso pedestal de granito con la **estatua ecuestre de Jan Žižka★**. En 1931, **Bohumil Kafka** comenzó a esculpir esta obra colosal, que fue instalada en 1950. Con un mazo en la mano, el general se eleva sobre su poderoso caballo a 9 m sobre el zócalo. En los primeros años del comunismo, el monumento se convirtió en un mausoleo del partido. Al Soldado Desconocido se unió el cuerpo de **Klement Gottwald** (1896-1953), primer presidente comunista, que fue momificado y finalmente incinerado. Después de 1989, el monumento cayó en el olvido. Renovado en 2001, reabrió sus puertas en 2009. En lugar de una visita completa, puedes optar por la entrada (*80 Kč*) que da acceso a la Sala de Ceremonias y a la **terraza**, que tiene una vista impresionante.

Museo del Ejército
(Armádní muzeum)

G3 Ubicado en los locales del **Memorial de la Liberación**, el Museo del Ejército ha renovado su colección y ha introducido una nueva escenografía, más sofisticada, interactiva e inmersiva. Desde las guerras medievales hasta la Primera Guerra Mundial, pasando por los conflictos contemporáneos, la colección recorre los grandes episodios bélicos de la historia del país.

Túnel de Žižkov
(Žižkovský tunel)

H3 *Entrada por Tachovské nám.*
Inaugurado en 1953, este túnel de 303 m de longitud une los distritos de Žižkov y Karlín, serpenteando bajo la colina.

Barrio de Karlín

FH2-3 Sus calles perpendiculares servían al puerto y a las fábricas que fueron el pilar de la economía de Karlín en el siglo xx y que ahora se han convertido en oficinas, galerías de arte y cafés de lujo. No te pierdas un paseo entre la **Iglesia de los Santos Cirilo y Metodio** y la **Plaza Lyčkovo**, al este, flanqueada por edificios modernistas.

Pasarela HolKa

G1 Inaugurada en 2023, esta pasarela cruza el Moldava y ofrece un enlace rápido entre el barrio de Karlín y Holešovice a través de la isla de Štvanice. La isla está en proceso de convertirse en un centro de actividades de ocio.

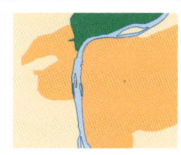

Letná y Holešovice★★

Desde la colina de Letná se puede disfrutar de una magnífica vista de la ciudad. Es un paseo especialmente agradable en un buen día. El vecino barrio de Holešovice, que está experimentando importantes cambios, sobre todo en torno a los antiguos mataderos, alberga varios lugares de interés, como el Museo Nacional de Tecnología y el Palacio de la Feria - Museo de Arte Moderno y Contemporáneo. Cerca de allí, el Palacio Trója y el zoo merecen una visita.

▶ **Acceso:** Ⓜ Vltavská, Hradčanská ; 🚋 1, 8 o 15.
Mapa extraíble FH 3-7.
☉ *Nuestras sugerencias págs. 95, 101, 106 y 110.*

Parque Letná ★

CE1-2 *Praga 6* - 🚋 *1, 8, 15, 17* - Ⓜ *Vltavská, Hradčanská, Malostranská.*
Al norte de la ciudad, cerca del espolón rocoso sobre el que se alza el Castillo, la **meseta de Letná** parece obligar al Moldava a bifurcarse hacia el este al acercarse a su vertiginoso y cubierto borde. El parque situado en el borde de la meseta ofrece magníficas vistas de Praga, sobre todo de la Ciudad Vieja. Adyacente al parque, el **Jardín Chotek (Chotkovy sady)** fue plantado en 1830. Al oeste, el **Belvedere** domina el jardín, que esconde una gruta habitada por personajes de las obras del poeta neorromántico Julius Zeyer.
Franz Kafka llamó al Jardín Chotek «el lugar más hermoso de Praga».
Hoy convertido en restaurante, el encantador **Pabellón Hanava (Hanavský pavilón)**, sobrecargado de decoración neobarroca, originalmente fue un edificio de exposiciones construido en la fundición del duque

de Hanau para la Exposición del Jubileo de 1891. Su terraza ofrece una las mejores vistas de la ciudad y el río. Justo al oeste se encuentran los extensos restos del Bastión XIX, una imponente parte de las fortificaciones barrocas.

> 🍹 ***Biergarten*** panorámica
>
> Si hace buen tiempo, disfruta de una copa con vistas en la cervecería al aire libre de Letná.
> ☉ *pág. 101.*

Museo Nacional de Tecnología ★★

(Národní tehniké muzeum)
E1 *Barrio Holešovice - Kostelní 42* - 🚋 *1, 8, 15* - Ⓜ *Vltavská, Hradčanská* - ☏ *220 399 111 - www.ntm.cz - de ma. a do. de 09:00 a 18:00 h - 280 Kč.*
Situado en el lado este del Parque Letná, este edificio doble de estilo

funcionalista construido conscientemente en 1942, ha sido restaurado y remodelado y alberga algunas colecciones muy interesantes relacionadas con diversos aspectos de la ciencia y la tecnología, y la contribución de la nación checa en estos campos.

En la planta baja, **Medir el tiempo** reúne una fabulosa gama de objetos, desde relojes de sol hasta relojes digitales. **Interkamera - Espacio, color y movimiento** presenta 2500 objetos que ilustran la historia de la fotografía y el cine.

Decenas de aviones, coches, motos e incluso locomotoras y helicópteros se alinean en el vestíbulo central. Los aficionados podrán descubrir algunas rarezas.

A lo largo de los cuatro pisos que recorren el perímetro del pabellón se exhiben maquetas de aviones, cohetes, barcos de todas las épocas y bicicletas. La primera planta está dedicada a la **acústica,** desde los primeros tocadiscos a las gramolas, pasando por instrumentos de medición de la resonancia acústica.

El segundo piso se centra en la astronomía, con una vasta colección de instrumentos para medición y cálculo, desde los simples compases, brújulas y sextantes hasta los telescopios más avanzados.

En el sótano se ha reconstruido una **galería minera** de más de 1 km de longitud, con las herramientas y máquinas utilizadas para extraer mineral desde la antigüedad hasta nuestros días.

Palacio de Ferias - Galería Nacional - Museo de Arte Moderno y Contemporáneo ★★★
(Veletržní palác - Národní galerie - Moderního a současného umění)

F1 *Barrio Holešovice - Dukelských hrdinů 47 -* 🚊 *6, 17, parada Veletržní,* Ⓜ *Vltavská -* ☎ *224 301 122 - www. ngprague.cz - de ma. a do. de 10:00 a 18:00 h - 250 Kč; entrada para todas las colecciones permanentes de la Galería Nacional: 680 Kč (válida durante 10 días).*

😊 *Si no tienes un mapa impreso, puedes hacer fotos de los mapas y carteles al comienzo de la visita para ayudarte por el camino. Infórmate sobre las extraordinarias exposiciones temporales que se ofrecen.*

Si hay un museo que debes visitar en Praga, es este. Situado al norte del centro de la ciudad, el **palacio**★ (🅒 *pág. opuesta*), parte integrante de la **Galería Nacional de Praga**, alberga una notable colección de arte europeo y checo de los siglos XIX y XX. Para un recorrido cronológico, comienza por la 4ª planta, que tiene unas vistas maravillosas del inmenso patio. La exposición inicia con **El arte del siglo largo (1796-1918)** ★★★, desde la creación en Praga de la Sociedad de Amigos Patrióticos del Arte, estrechamente vinculada con Viena y Múnich, hasta la incorporación de las creaciones de artistas checos atraídos por París a mediados del siglo XIX en un momento de gran movimiento del arte occidental. Más de 450 obras se presentan bajo tres temas: el Hombre, el Mundo y las Ideas.

En la serie de retratos y autorretratos, del academicismo al expresionismo, **Josef Mánes** se codea con **Pablo Picasso**, que está muy presente. Se pueden admirar numerosas estatuas, sobre todo de Rodin. Delacroix, Manet, Cézanne, Gauguin, Le Douanier, Rousseau, Kubišta y Kokoschka, quienes representan al hombre en sus actividades cotidianas y en su relación con la religión y la naturaleza. A continuación, el tema **La ciudad, el mundo en revolución y los paisajes** presenta obras de Toulouse-Lautrec, Schiele, Derain, Sisley, Klimt, Courbet, Munch, Braque y otros. Sus obras permiten establecer una comparación que ilustra la evolución del tratamiento figurativo, como dos paisajes de **Vlaminck** y **Pissarro**. Por último, bajo la temática de **Las Ideas**, artistas checos y europeos exploran temas oníricos y mitológicos: *Psique*, de **Hudeček**, *La danza en la orilla* de **Munch**, *La joven* de **Klimt** o *Amorfo. Fuga en dos colores* de **Kupka**. La a la 4ª planta ofrece una galería de estatuas monumentales.

La 3ª planta ilustra la efervescencia artística de la **Primera República Checoslovaca (1918-1938)** ★★, que no se limitó a la capital: **Václav Špála,**

N. Servian/robertharding/age fotostock

83

Interior del Museo de Arte Moderno .

el cubista **Josef Čapek** (*Rey Africano*), los surrealistas **Jindřich Štyrský** y **Toyen** y **Josef Šíma**, cuya obra tendía a la abstracción. El país se encontraba en una encrucijada de influencias, y las numerosas obras extranjeras situaban a los artistas checos en un contexto más amplio. El núcleo de esta exposición es la rica colección de **arte**

Polémica arquitectónica

Cuando se inauguró en 1928, el **palacio Veletržní**, diseñado por **Oldřich Tyl** y **Josef Fuchs**, fue objeto de una polémica similar a la que rodeó al Centro Georges-Pompidou de Francia. Su estilo funcionalista y sus impresionantes dimensiones lo convirtieron en un edificio único en Europa. Durante la época soviética albergó oficinas antes de ser destruido por un incendio en 1974. Su reconstrucción finalizó en 1995, y su capacidad de 250 000 m² la convirtieron en la perfecta candidata para las colecciones de arte moderno y contemporáneo de la Galería Nacional de Praga.

francés de los siglos XIX y XX ★★★, adquirida por el Gobierno checoslovaco en 1923. En la misma sala, Braque, Picasso, Bonnard, Matisse, Gauguin, Cézanne, Seurat, Van Gogh y Pissarro están frente a Corot, Delacroix, Daumier y Courbet.

Palacio Trója ★★
(Trojský zámek)
Fuera del mapa por D1 *U Trojeského zámku 1 -* Ⓜ *Nádraží Holešovice, después autobús 112, parada Zoologická zahrada -* ☎ *283 851 614 - www.ghmp.cz - de mayo a octubre, horarios variables, consultar - 150 Kč. A menudo se utiliza para recepciones privadas en verano.*

Este palacio barroco fue construido por iniciativa del conde Sternberg por un arquitecto francés poco conocido, **Jean-Baptiste Mathey**. La estructura rigurosamente simétrica del palacio se inspiró en los conceptos novedosos de los italianos Fontana y Bernini. El monumental cuerpo central del edificio, iluminado por dos pisos de ventanas, está ocupado en su totalidad por el **Salón de Ceremonias ★★★**. El aprovechamiento y realce del espacio y del volumen, gracias al uso del trampantojos, son admirables. Las alas inferiores a ambos lados están flanqueadas por pabellones esquineros que se prolongan en los jardines. Sobre ellos se elevan dos torres. En el lado norte, donde las caballerizas lindan con la **gran escalera**, se encuentra el único acceso directo desde la la planta baja al Salón de Ceremonias. El espléndido conjunto de **estatuas ★★** muestran a los dioses

del Olimpo arrojando a los Titanes al Infierno. Para aumentar el tamaño del palacio, Mathey alineó colosales pilastras rojas, el mismo color que utilizó para las cornisas y los marcos de las ventanas. El palacio acoge regularmente exposiciones de arte contemporáneo organizadas por la **Galería de la Ciudad de Praga.**

Jardín Botánico
Fuera del mapa por C1 ☎ *148 234 111 - www.botanicka.cz - de 09:00 a 19:00 h (invernadero de lu.); de noviembre a febrero de 09:00 a 16:00 h (invernadero de ma. a do.) - 180 Kč.* 🙂 *Es mejor visitarlo entre semana, porque los fines de semana está muy concurrido.*

Situado por encima del palacio de Trója, está compuesto por diferentes espacios donde disfrutar de un paseo, desde los viñedos de Santa Clara hasta el largo invernadero Fata Morgana (130 m), hogar de plantas exóticas y multitud de mariposas. Un jardín japonés y diversas colecciones de flores y plantas completan la visita.

DOX - Centro de Arte Contemporáneo
(Centrum současného umění)
Fuera del mapa por G1 *Poupětova 1 -* 🚋 *6, 12 Ortenovo -* ☎ *295 568 123 - www.dox.cz - de mi. a do. de 12:00 a 18:00 h - 210 Kč.*

Inaugurado en 2008, este museo dedicado al arte contemporáneo está a la altura de las expectativas. Ubicado en una nave industrial en desuso, rediseñada por el arquitecto Ivan Kroupa, su misión es mostrar obras contemporáneas a través de temas

85

La terraza del DOX, diseñada por Martin Rajniš.

unificadores y situar las **creaciones checas** en una perspectiva internacional. Los eventos fomentan el diálogo con artistas de todas las vertientes. Esculturas, vídeos, pinturas, fotografías y arquitectura se reúnen para formar **exposiciones temporales** que animan a la gente a pensar con originalidad.

😊 *La tienda DOX by Qubus, con creaciones de diseñadores checos (www.qubus.cz) atrae a los amantes de los objetos originales.*

Mercado de Praga
(Pražská tržnice)

G1 Los edificios de los antiguos mataderos de Praga, conocidos por albergar el Mercado de agricultores de Holešovice, constituyen un marco ideal para el desarrollo de actividades culturales en pleno ambiente industrial. Los pabellones de ladrillo están siendo remodelados, pero ya son muy populares entre los paseantes, que tienen fácil acceso a ellos desde la apertura de la **pasarela HolKa** (𝒞 *pág. 80*). El Mercado de agricultores está en el pabellón 22 (*de lu. a vi. de 07:30 a 17:00 h; sá. hasta las 14:00 h*).

Un viaje al mercado

Productores, *food trucks*, puestos de todo tipo: el Mercado de Holešovice es un lugar ideal para pasear. 𝒞 *pág. 106.*

NUESTRAS SUGERENCIAS

Cafés en la Ciudad Vieja.
Bim/Getty Images Plus

🍴Dónde comer

Algunas de las direcciones de *Dónde beber* (☞ *pág. 96*) sirven comidas ligeras, ideales para un almuerzo rápido.

Nuestros rangos de precios corresponden al precio del menú o de la combinación de entrante-principal-postre.

☞ *Restauración* (pág. 122) y *Los placeres de la mesa* (pág. 149).

☞ Utiliza los puntos numerados para localizar direcciones en nuestros mapas (p. ej. **①**). Las **coordenadas en rojo** (p. ej. **C2**) se refieren al mapa extraíble (dentro de la cubierta). Las direcciones también pueden aparecer en mapas locales, en cuyo caso lo indicaremos.

Ciudad Vieja

Plano del barrio págs. 20-21

Hasta 10 € (250 Kč)

⑫ Kabul - **D4** - *Krocínova 316/5 - Ⓜ Staroměstská - ☎ 224 282 509 - www.kabulrestaurant.cz - servicio continuo - desayuno 99 Kč, platos 139/290 Kč.* Este restaurante es una buena alternativa a la cocina local, que a veces puede resultar un poco pesada. Aquí, los variados platos afganos se elaboran con delicadeza y el servicio es acogedor. Con terraza.

㉑ Country Life - **D4** - *Melantrichova 15 - Ⓜ Můstek - ☎ 224 213 366 - www.countrylife.cz - servicio continuo - de do. a vi. - precios al peso.* Esta cantina vegetariana ecológica tiene todo lo necesario para una breve pausa o un auténtico almuerzo: zumos de fruta fresca, ensaladas y platos del día. Elige tu ración y paga al peso. Una ventaja en verano es su tranquila terraza, algo inesperado en esta parte de la ciudad. Tiene otras dos direcciones en la ciudad.

㉘ Mlejnice - **E3** - *Kožná 14 - Ⓜ Staroměstská - ☎ 224 228 635 - www.restaurace-mlejnice.cz - servicio continuo - platos 145/355 Kč.* Buenas ensaladas, originales platos de carne y varios gratinados de patata. Cálida decoración campestre, compuesta por aperos de labranza, viejas latas de galletas y otros objetos rústicos.

㉖ U Rudolfina - **D3** - *Křižovnická 10 - Ⓜ Staroměstská - ☎ 222 328 758 - www.urudolfina.cz - servicio continuo - platos 169/389 Kč.* Disfruta de la cocina tradicional con pato asado o *guláš*. La excelente cerveza (*pilsner*) fluye sin parar. El ambiente acogedor está garantizado gracias a las grandes mesas. Único inconveniente: ¡el local echa humo!

㉗ Las Adelitas - **D3-4** - *Malé náměstí 457/13 - Ⓜ Staroměstská - ☎ 222 233 247 - www.lasadelitas.cz - servicio continuo- desayuno 145/199 Kč, tacos y enchiladas 219/329 Kč.* Creada originalmente en un pequeño local de Vinohrady, la cadena ha demostrado su valía y ahora cuenta con cuatro locales en Praga. Decoración cálida y

auténtica cocina mexicana. Buena carta de vinos y Plzeň para los que prefieren la cerveza. Excelentes cócteles.

De 10 a 30 € (250-745 Kč)

(4) Restaurace Mincovna - E3
- *Staroměstské náměstí 930/7 -* Ⓜ *Staroměstská -* ✆ *727 955 669* - *www.restauracemincovna.cz* - *servicio continuo - platos 315/665 Kč.*
Qué agradable sorpresa descubrir este restaurante en una zona hiperturística. Los precios son realmente buenos y se puede disfrutar de los grandes clásicos de la cocina checa como el filete de lucioperca con pimentón, escalope vienés y la ternera estofada con setas.

(20) Obecní dům - E3 - *Náměstí Republiky 5 -* Ⓜ *Nám. Republiky* - ✆ *222 002 770 - www.restauraceod.cz - platos 210/690 Kč.*
Situado en el ayuntamiento, el antiguo Francouzská Restaurace ha pasado a manos de la vecina cervecería Obecní dům (☞ *pág. 96*) y ahora sirve cocina clásica checa (prueba el *filet mignon*). Sin embargo, nada ha cambiado en cuanto a la decoración *art nouveau*, que es sin duda una de las más bellas de la ciudad.

❤ **(53) Století - D4** - *Karolíny Světlé 21* - 🚊 *6, 9, 22, 23, 18, Národní divadlo* - ✆ *222 220 008 - www.stoleti.cz* - *servicio continuo - platos 390/490 Kč.*
No muy lejos de la Capilla de Belén, este restaurante tipo taberna ha modernizado hábilmente las especialidades checas. Carnes asadas, platos de crema y *knedlíky* se combinan con nuevos sabores y una presentación muy cuidada.

Una cocina honesta y exótica, que ofrece una excelente relación calidad-precio.

Más de 30 € (745 Kč)

(32) Mlýnec - D4 - *Novotného Lávka 9* - Ⓜ *Staroměstská -* ✆ *277 000 777* - *www.mlynec.cz - servicio continuo* - *de mi. a do. - platos 495/1095 Kč.*
El chef combina de manera creativa la cocina checa con influencias internacionales. Carta de vinos de Bohemia y Moravia. La vista sobre el Puente de Carlos es impresionante.

Josefov

Plano del barrio **págs. 20-21 y 29**

Hasta 10 € (250 Kč)

❤ **(30) Sisters - E3** - *Dlouhá 39 -* 🚊 *6, 8, 26 Dlouhá třída -* ✆ *775 991 975* - *www.sistersbistro.cz - servicio continuo - menos de 250 Kč.*
Este pequeño establecimiento hará las delicias de los amantes de los bocadillos. Todo es fresco, colorido y apetitoso. Tanto si prefieres queso de cabra y remolacha, salmón u otro relleno, puedes elegir entre dos tamaños de pan. También cuentan con opciones sin gluten).

(75) Naše Maso - E3 - *Dlouhá 39* - Ⓜ *Staroměstská -* ✆ *222 311 378* - *www.nasemaso.ambi.cz - servicio continuo - de lu. a sá. - platos 75/285 Kč.*
En el cruce de la Ciudad Vieja, Josefov y Florenc se encuentra la mejor carnicería de Praga. Siéntate en el mostrador y disfruta de salchichas, hamburguesas y *steak tartar* de una calidad impecable.

De 10 a 30 € (250-745 Kč)

⑥ Lokál Dlouháá - **E3** - *Dlouhá 33 - Ⓜ Nám. Republiky - ☎ 734 283 874 - www.lokal-dlouha.ambi.cz - servicio continuo - platos 235/375 Kč.* La cocina tradicional checa se sirve con un toque elegante. Prueba la trucha a la plancha con comino o el queso empanado frito con salsa tártara casera. De postre, elige *babovka*.

⑬ Mistral Café - **D3** - *Valentinská 11/56 - Ⓜ Staroměstská - ☎ 222 317 737 - www.mistralcafe.cz - servicio continuo - platos por menos de 250 Kč.* Un bonito entorno, donde se puede degustar cocina internacional innovadora, como gachas de coco fermentadas con mango. También sirven bocadillos, cafés y limonada casera. A partir de las 18:00 h, el local se transforma en un bar de cócteles.

Más de 30 € (745 Kč)

㉖ La Dégustation Bohême bourgeoise - **E3** - *Haštalská 18 - Ⓜ Nám. Republiky - ☎ 222 311 234 - www.ladegustation.cz - menú 2850 Kč.* Bajo la dirección del chef Oldřich Sahajdák, se elaboran menús de tres a cinco platos, que combinan la cocina tradicional checa e influencias culinarias modernas, sublimando los productos de temporada. Una apuesta segura. Reserva obligatoria.

Malá Strana

Plano del barrio págs. 40-41

Hasta 10 € (250 Kč)

⑧ U Hrocha - **C3** - *Thunovská 10 - Ⓜ Malostránská - ☎ 257 533 389 - servicio continuo - platos 100/230 Kč.*

Este *hospoda* es un lugar ideal para descansar de las numerosas atracciones turísticas que rodean el Castillo. La carta ofrece sobre todo aperitivos para acompañar la cerveza (queso marinado, tabla de quesos o embutidos), pero también platos más contundentes como codillo de cerdo.

㊴ Kolkovna Olympia - **C5** - *Vitěžná 7 - 🚋 6, 9, 22 Újezd - ☎ 251 511 080 - www.olympia.kolkovna.cz - servicio continuo - platos 200/330 Kč.* Una de las direcciones de esta popular cadena. Cocina tradicional refinada y económica (interesantes menús para almorzar). Gran variedad de carnes.

De 10 a 30 € (250-745 Kč)

② Art and Food had - **C5** - *Plaská 617/4 - 🚋 6, 9, 12, 22 Újezd - ☎ 251 512 063 - www.art-food.cz - servicio continuo - platos 250/800 Kč.* Aquí podrás disfrutar de una refinada cocina de inspiración francesa acompañada de vinos locales e internacionales. iA no ser que prefieras la excelente cerveza sin pasteurizar (*poutník*) que sirven aquí!

⑭ Ichnusa Botega & Bistro - **C5** - *Plaská 5 - 🚋 6, 9, 12, 22 Újezd - ☎ 605 375 012 - www.ichnusa. restaurant - servicio continuo - cerrado do. - platos 300/550 Kč.* Este restaurante sirve auténtica cocina sarda con los ingredientes más frescos. La cuenta es razonable para la calidad de los platos. Carta de vinos muy amplia. Buenos precios al mediodía.

⑮ Nebozízek - **B4** - *Petřínské sady 411 - parada del funicular de la colina de Petřín - ☎ 602 312 739 - www. nebozizek.cz - servicio continuo - platos 280/410 Kč, menú 1 100 Kč - 2 suites.*

Encaramado en los huertos cercanos a la cima de la colina Petřín, el «Pequeño Giro» ofrece las mejores vistas de Praga, sobre todo cuando se encienden las luces de la ciudad al atardecer. Especialidades checas e internacionales.

Más de 30 € (745 Kč)

26 U Malířů - **C3** - *Maltézké náměstí 11 -* Tram *12, 20, 22 Hellichova -* ☏ *257 211 014 - www.umaliru1543.com - servicio continuo - cerrado sá. mediodía y do. - platos 510/760 Kč, menús 1690/2990 Kč.* En un edificio del siglo XVI se encuentra uno de los mejores restaurantes de Praga. El menú presenta exclusivamente recetas francesas. El vino es un placer garantizado.

Barrio del Castillo

Plano del barrio pág. 48

Hasta 10 € (250 Kč)

3 U Zavěšenýho Kafe - **B3** - *Loretánská 13 -* Ⓜ *Malostránská -* ☏ *733 483 900 - www.pokracuje.com - de 11:00 a 00:00 h - platos 170/300 Kč.* Otra dirección para una escapada barata y auténtica cerca del Castillo. Los muebles de madera maciza dan un ambiente cálido a este pequeño establecimiento enclavado en uno de los edificios antiguos del barrio. *Crêpes*, pequeños platos y principales.

9 Kavárna Nový Svět - **B3** - *Nový Svět 2 -* Ⓜ *Malostránská -* ☏ *242 430 700 - www.kavarna.novysvet.net - servicio continuo - cerrado lu. - menos de 250 Kč.* Situado en una calle tranquila a menos de 500 m del Castillo, este café es ideal para comer.

Podrás degustar sopa y la receta del día (bocadillo, tarta salada, *tartine*), así como deliciosos pasteles caseros. Acogedor y de ambiente encantador. Terraza verde en verano.

Smíchov

Mapa extraíble

De 10 a 30 € (250-745 Kč)

23 Manifesto Market - **C7** - *Ostrovského 34 -* Ⓜ *Anděl -* ☏ *702 011 638 - www.manifestomarket.com - de 12:00 a 22:00 h - platos 150/699 Kč.* Gran cantidad de puestos que ofrecen platos para degustar al aire libre, siguen la tendencia de los «mercados de comida» (un poco fuera del centro). En el menú: tacos, tapas, *schnitzel*, *fish and chips*, carnes a la parrilla, *poke bowls*, hamburguesas, samosa o pollo masala. Los precios son un poco altos para los estándares de Praga.

Ciudad Nueva

Plano del barrio págs. 64-65

Hasta 10 € (250 Kč)

7 Myslikova - **D5** - *Myslíkova 1343/24 -* Tram *18 Karlovo náměstí -* ☏ *776 681 872 - de 11:30 a 22:30 h - platos 150/165 Kč.* Pequeña dirección de barrio con una decoración sencilla de madera, frecuentada por una clientela local. Sirve platos clásicos checos (costillas, salchichas, pato asado) a precios muy razonables.

❤ **16 Špejle** - **E4** - *Jindřišská 937/16 -* ☏ *606 773 553 - www.spejle.eu - servicio continuo - 33 Kč/tapas (un pincho de madera).* Te sirves en la barra, según tu gusto y hambre, entre las decenas de tapas saladas,

Manifesto Market.

frías y calientes, o dulces, todas apetitosas y deliciosas. Limonada de jengibre, cerveza y vino por copas acompañan tus aperitivos en un ambiente moderno y musical. Para pagar, ¡cuenta tus pincho de madera!

22 Libeřské Lahůdky - E5 - *Vodičkova 9* - Ⓜ *Národní třída,* Ⓣⓡⓐⓜ *3, 9, 14, 24, 51 Vodičkova* - ☏ *733 766 054 - www. liberskelahudky.cz - servicio continuo - cerrado sá. noche y do. - menos de 250 Kč.* Una buena dirección si tienes intención de comer sobre la marcha: gran selección de bocadillos elaborados con productos frescos, bollería tradicional y excelentes yogures caseros. Buena selección de *chlebíčky*, pequeñas rebanadas de pan cubiertas de jamón, huevo u otra cosa, como si fuesen tostadas.

47 Pizzeria Kmotra - D5 - *Jirchářích 12* - Ⓜ *Národní třída,* Ⓣⓡⓐⓜ *22, 6, 9* - ☏ *224 934 100 - www.kmotra.cz - servicio continuo - pizzas 220/280 Kč, platos 240/375 Kč.* En un callejón detrás del muelle Masaryk, esta sencilla pizzería ofrece deliciosas *pizzas* y exquisitas ensaladas en una bodega abovedada típica de la ciudad.

De 10 a 30 € (250-745 Kč)

10 Jiná krajina - E5 - *Řeznická 4* - Ⓜ *Můstek* - ☏ *222 231 148 - www. jinakrajina.cz - de 11:00 a 22:30 h - de lu. a vi. - platos 169/275 Kč.* Invadido por los empleados que trabajan en la zona, este restaurante tiene ofertas muy tentadoras para el almuerzo.

Renovada cada día, la carta es diversa y ofrece platos de carne y opciones vegetarianas. Una agradable terraza cuando hace buen tiempo.
Otra dirección es Kodaňská 319.

17 Výtopna Railway Restaurant - **E5**
- *Václavské náměstí 802/56* - 🚋 *6 Václavské náměstí* - 📞 *775 444 554* - *www.vytopna.cz - servicio continuo* - *platos 490/2750 Kč, menú 790 Kč.*
En la esquina de la Plaza de Wenceslao, este increíble restaurante está atravesado por un ferrocarril eléctrico que lleva los platos directamente a tu mesa (gran éxito entre los niños).
En la carta, sin embargo, no hay nada especialmente original (hamburguesas, sándwiches, ensaladas y filetes).

27 U Medvídků - **D4** - *Na Perštýně 7* - 🚇 *Národní třída,* 🚋 *22, 6, 9* - 📞 *224 211 916 - www.umedvidku.cz - servicio continuo - platos 180/444 Kč.* Auténtica institución praguense, esta cervecería se encuentra en un edificio del siglo XV, sirve platos casi desaparecidos, como el *kuba*, una receta a base de cebada, o el *ovocné knedlíky*, albóndigas de fruta. El codillo de cerdo ahumado (*uzené koleno*) es uno de los mejores de la ciudad.

73 Kavárna Velryba - **D5** - *Opatovická 156/24* - 🚇 *Národní třída* - 📞 *224 931 444 - www.kavarnavelryba.cz - servicio continuo - de lu. a vi. - platos 239/369 Kč.* Esta dirección tradicional, bien conocida por los praguenses, ha cobrado nueva vida gracias a un cambio de propietario. Una cocina sencilla que combina bocadillos, platos más sustanciosos y alternativas vegetarianas en una cálida decoración Vasarely. Buenos postres (*fondant* de chocolate). El servicio es muy amable,

e incluso es posible tomar solo una copa y disfrutar del patio. Galería de arte en el sótano.

Más de 30 € (745 Kč)

60 Žofin de Restaurant - **D5**
- *Slovanský ostrov 226/8* - 🚋 *17, Národní divadlo* - 📞 *775 075 066* - *www.zofinrestaurant.cz - de 12:00 a 22:00 h, do. de 11:00 a 15:00 h - cerrado sá. - platos 425/925 Kč.* En la isla Eslava, este restaurante ecológico se centra en productos frescos de origen local. Algunas especialidades checas y una amplia variedad de postres. Cuando hace buen tiempo, se instalan mesas en el jardín. *Brunch* los domingos.

❤️ **70 Art Restaurant Mánes** - **D5**
- *Masarykovo nábřeží 250/1* - 🚇 *Národní třída* - 📞 *730 150 772* - *www.manesrestaurant.cz - de 11:00 a 23:00 h - platos 250/300 Kč (comida), 345/690 Kč (cena).* Se celebran exposiciones y conciertos periódicamente, mientras que cuatro espacios pretenden satisfacer a los visitantes: una cafetería con bollería ideal para un tentempié, un bar salón, una terraza asador de verano y el restaurante. Aquí podrás disfrutar de la cocina tradicional checa con un toque refinado. Precios más razonables a mediodía.

Vyšehrad

Mapa extraíble

Hasta 10 € (250 Kč)

24 Hospůdka Na Hradbách - **E8**
- *V Pevnosti 16/2* - 🚇 *Vyšehrad* - 📞 *734 112 214* - 🚌 *- servicio continuo - por la noche solo entre semana - platos por debajo de 250 Kč.* Cuando hace buen tiempo, las parrilladas y los pinchos de este pequeño mesón te encantarán.

Gran patio y hermosas vistas sobre la ciudad. Teatro al aire libre en agosto.

De 10 a 30 € (250-745 Kč)

25 **U Kroka** - **D7** - *Vratislavova 12/28 -* Tram *3, 16, 17 o 21 Výtoň; 7, 18, 24 Albertov - ☎ 775 905 022 - www. ukroka.cz - de 11:00 a 22:00 h - platos 185/425 Kč.* Cocina tradicional revisitada en un entorno acogedor. Un bonito ambiente con una buena carta de vinos.

Vinohrady y Žižkov

Mapa extraíble

Hasta 10 € (250 Kč)

11 **U Mariánského obrazu** - **G4** - *Kubelíkova 108/22 -* Ⓜ *Jiřího z Poděbrad - ☎ 222 722 007 - www. umarianskehoobrazu.cz - servicio continuo - platos 199/369 Kč.* Situada frente al Palác Akropolis, este *hospoda* ofrece clásicos checos, así como recetas más originales (de caza). Prueba los *halušky*, una especie de ñoquis eslovacos tradicionalmente acompañados de *brynza*, el queso de oveja local.

71 **Vinohradský pivovar** - **H6** - *Korunní 2506/106 -* Ⓜ *Flora - ☎ 222 760 080 - www.vinohradskypivovar.cz - servicio continuo - platos 174/359 Kč.* En un espacio que combina tradición (techo abovedado) y decoración minimalista, esta cervecería-restaurante sirve una cocina que aúna sencillez y calidad. Menú rico en verduras, carne de granja local y cerveza casera. Conciertos frecuentes en la sala contigua. Prueba las excelentes cervezas destiladas en la cervecería, donde podrás ver las cubas.

De 10 a 30 € (250-745 Kč)

72 **Osteria Da Clara** - **H6** - *Mexicka 7 -* Tram *22 Ruská - ☎ 271 265 480 - www. daclara.com - de ma. a sá. de 11:00 a 22:00 h - platos 240/560 Kč.* Una buena oportunidad para descubrir el barrio de Vršovice, con sus cafés y su vibrante vida comunitaria. El chef te deleitará con una elaborada cocina toscana bastante económica y de calidad.

Letná y Holešovice

Mapa extraíble

Hasta 10 € (250 Kč)

♥ **34** **Cobra** - **F1** - *Milady Horákové 8 -* Tram *17 Strossmayerovo náměstí - ☎ 777 355 876 - www.barcobra.cz - servicio continuo - cerrado do. por la noche - platos 195/310 Kč.* Este local tan de moda, con sus paredes de hormigón rugoso y sus cortinas de terciopelo abre a todas horas: desayuno (*brunch* los fines de semana), comida, cena y coctelería. La cocina, muy inventiva, combina sabores mediterráneos y japoneses (prueba las lentejas beluga, la calabaza asada, las espinacas y el *halloumi*). El ambiente es animado y relajado.

De 10 a 30 € (250-745 Kč)

5 **Hanavský pavilón** - **D2** - *Letenské sady 173 - ☎ 725 944 889 - www. hanavsky-pavilon.cz - servicio continuo - platos 180/370 Kč.* En la colina de Letná, el Pabellón Hanava tiene un encanto magnético y ofrece una magnífica vista de Praga. Cocina internacional de calidad, la cuenta es elevada.

🥤 Dónde beber

☞ **Utiliza los puntos numerados para localizar direcciones en nuestros mapas (p. ej. ①). Las coordenadas en rojo (p. ej. C2) se refieren al mapa extraíble (dentro de la cubierta). Las direcciones también pueden aparecer en los planos de barrio, en cuyo caso lo indicaremos.**

Ciudad vieja

Plano del barrio págs. 20-21

① **Kavárna Obecní dům** - **E3** - *Náměstí Republiky 5* - Ⓜ *Náměstí Republiky* - 📞 *222 002 763* - *www.kavarnaod.cz* - *de 08:00 a 22:00 h.* Solo por el entorno ya merece la pena visitarlo: una de las magníficas salas *art nouveau* del ayuntamiento. Hay una buena selección de pasteles y se puede comer sobre la marcha o desayunar.

③ **Grand Café Orient** - **E3** - *Ovocný trh 19* - Ⓜ *Náměstí Republiky* - 📞 *224 224 240* - *www.grandcafeorient.cz* - *de 09:00 a 22:00 h, sá. y do. desde las 10:00 h.* En el 1er piso de la Casa de la Madona Negra y el Museo del Cubismo se encuentra este magnífico café de los años 20. Ideal para una pausa, en el interior o en un pequeño balcón, con una hermosa vista de la Torre de la Pólvora.

④ **U Zlatého Kohouta** - **D4** - *Michalská 3* - Ⓜ *Můstek* - 📞 *705 223 526* - *de lu. a sá. de 12:00 a 18:00 h.* Este salón de té es un remanso de paz con su decoración antigua y música relajante. Ofrece 200 variedades de té y algunos platos vegetarianos.

⑦ **U Zlatého tygra** - **D4** - *Husova 228/17* - Ⓜ *Můstek, Staroměstská* - 📞 *222 221 111* - *www.uzlatehotygra.cz* - *de 15:00 a 23:00 h.* Se trata de la legendaria posada de Praga, que se hizo famosa gracias al escritor Bohumil Hrabal, que solía venir aquí en sus ratos libres para recopilar los cotilleos de los clientes para sus novelas. Una velada con Bill Clinton y Václav Havel, cuya foto puede verse en las paredes, contribuyó a la fama del lugar. Visitantes curiosos y habituales conviven en un ambiente agradable. Para los amantes de la cerveza.

Josefov

Plano del barrio págs. 20-21 y 29

② **Coffee lovers** - **D3** - *Kaprova 9* - Ⓜ *Staroměstská* - 📞 *733 116 690* - *servicio continuo - menos de 250 Kč.* Ideal para un almuerzo rápido entre visita y visita de las sinagogas. El local se presenta como una cafetería, pero ofrece una amplia gama de *quiches*, pasteles salados y paninis. Sus dulces son excelentes.

⑪ **Bakeshop** - **E3** - *Kozí 918/1* - Ⓜ *Staroměstská* - 📞 *222 316 823* - *www.bakeshop.cz* - *de 07:00 a 21:00 h.* Originalmente una panadería, ahora es un café-bistró. Perfecto para una breve pausa con un delicioso pastel. El respeto por la calidad y los productos frescos son el credo de esta tienda, fundada en 1999 por un estadounidense que se trasladó a Praga. Impresionante gama de panes. También para llevar.

❤️ **14** **Bokovka** - **E3** - *Dlouhá 37* - 🚊 *6, 8, 26 Dlouhá třída* - ☎ *731 492 046 - www.bokovka.com - de lu. a sá. de 16:00 a 00:00 h.* Desde la calle este bar de vinos no se ve, está escondido al final de un pequeño patio. Unas pocas mesas bajo las arcadas y en las pequeñas salas abovedadas crean un ambiente íntimo, ideal para degustar los vinos del día seleccionados por el *sommelier*. Vinos checos, franceseso italianos, entre otros. Perfecto para un brindis a la luz de las velas sobre un plato de deliciosos quesos.

Malá Strana

Plano del barrio págs. 40-41

❤️ **12** **Kavárna Mlýnská** - **C4** - *Všehrdova 14* - 🚊 *6, 9, 22, 12 Újezd* - ☎ *257 313 222 - facebook/kavarna. mlynska - de 10:00 a 00:00 h.* Ubicado en uno de los antiguos molinos que bordeaban el Čertovka, el «molino azul» es un remanso de paz junto al río en el corazón del Parque Kampa. Aquí, estudiantes y residentes conviven con turistas y paseantes que han venido a recorrer el Puente de Carlos y las estrechas calles de Malá Strana.

13 **Café Savoy** - **C5** - *Vítězná 5* - 🚊 *6, 9, 22 Újezd* - ☎ *731 136 144 - www. cafesavoy.ambi.cz - de 08:00 a 22:00 h, sá. y do. desde las 09:00 h.* A los pies de la colina Petřín, es un mítico café de principios del siglo XX. Ambiente musical y clientela turística.

❤️ **35** **Café Club Míšeňská** - **C3** - *Míšeňská 71/3* - Ⓜ *Malostranská* - ☎ *722 659 139 - www.facebook/ misenskafe - de 10:00 a 00:00 h.* Tanto si pides una cerveza en el encantador patio, como un chocolate

caliente en la pequeña sala interior, es un placer leer, charlar o simplemente relajarse en este oasis de calma en el corazón de un barrio tan turístico.

Barrio del Castillo

Plano del barrio pág. 48

17 **U Černého Vola** - **B3** - *Loretánske náměstí 1* - 🚊 *22 Pražský hrad, Pohořelec* - ☎ *606 626 929 - de 10:00 a 22:00 h.* Un lugar donde se reúnen los checos, ¡cosa rara en el distrito! Regentado por un grupo de antiguos clientes habituales, es ante todo un *pub*. Para acompañar tu cerveza, puedes elegir entre salchichas, queso o una tortilla.

Ciudad Nueva

Plano del barrio págs. 64-65

6 **(A)Void Café** - **D6** - *Náplavka 11* - Ⓜ *Palackého náměstí*, 🚊 *17 Jiráskovo náměstí* - ☎ *602 211 181 - www. facebook/AvoidCafe - de 12:00 a 23:00 h, vi. hasta las 00:00 h, sá. y do. de 11:00 a 00:00 h.* Uno de los bares situados en las antiguas cámaras frigoríficas al sur del Puente Jiráskův, con una terraza con vistas a los muelles de Náplavka, muy animados los fines de semana. Conciertos regulares.

15 **Vinograf** - **F4** - *Senovážné náměstí 23* - 🚊 *6, 9, 14, 24 Jindřišská* - ☎ *739 653 153 - www.vinograf.cz -de lu. a vi. de 11:30 a 22:00 h, sá. desde las 17:00 h - cerrado do.* Si quieres descubrir los vinos de Bohemia y Moravia, esta bodega es un regalo del cielo. Puedes disfrutar de una degustación o simplemente de una copa en el mostrador o en el comedor.

❤ **18** **Café Slavia** - **D4** - *Smetanovo nábřeži 2* - 🚋 *6, 9, 22, 18 Národní divadlo* - ✆ *224 218 493 - www. cafeslavia.cz - de 10:00 a 23:00 h, do. hasta las 22.00 h.* Símbolo de la disidencia hasta 1989, este café tiene un interior *art déco*. Las pequeñas mesas redondas en fila, abarrotadas de clientes habituales, contrastan con la zona más acogedora a la derecha de la entrada, con su tenue iluminación y sus bancos de cuero. Los grandes ventanales dan al Moldava y permiten contemplar la colina de Petřín y el Castillo. Un lugar ideal para saborear uno de los pasteles que ofrecen en el mostrador.

19 **Cukrárna Myšák** - **E4-5** - *Vodičkova 31* - Ⓜ *Můstek* - ✆ *730 589 249 - www.mysak.ambi.cz - de 08:00 a 19:00 h, sá. y do. desde las 09.00 h.* Una auténtica institución, este salón de té se encuentra desde 1910 en un edificio rondo-cubista situado en una de las arterias que conducen a la Plaza de Wenceslao. El presidente Jan Masaryk solía comprar aquí sus pasteles. La pastelería tradicional checa coexiste con creaciones originales en un marco excepcional.

20 **Café Imperial** - **F3** - *Na Poříčí 15* - Ⓜ *Nám. Republiky* - ✆ *246 011 440 - www.cafeimperial.cz - servicio continuo - platos 335/595 Kč.* Además de la decoración *art nouveau* (mosaicos en el techo, columnas revestidas de cerámica, adornos vegetales junto a motivos animales), disfrutarás de algunos de los mejores pasteles y postres de la ciudad. Se ofrece un donut con el café. El Imperial también ofrece un competitivo menú de mediodía.

21 **Rybka** - **D5** - *Opatovická 7* - Ⓜ *Národní třída*, 🚋 *6, 9, 18, 22, 23 Národní divadlo* - ✆ *224 931 265 - www.rybkapub.cz - de 10:00 a 22:00 h.* Este precioso café es también librería y editorial. Sorpréndete con la clientela habitual. Un lugar agradable para tomar una copa por la noche. Vinos checos de calidad.

22 **Cafe Terapie** - **D7** - *Na Hrobci 3* - Ⓜ *Karlovo Náměstí*, 🚋 *3, 7, 17, 18, 21 Výtoň* - ✆ *224 916 098 - www. cafeterapie.cz - de 08:30 a 22:00 h, sá. desde las 09:00 h, do. desde las 10:00 h.* A orillas del río y con un interior relajante, es el lugar ideal para reponer fuerzas tomando un café, o incluso para revitalizarse con un pastel. Restauración económica.

29 **Groove Bar** - **D5** - *Voršilská 142/6* - 🚋 *22 Národní třída* - ✆ *777 610 279 - www.groovebar.cz - de 19:00 a 03:00 h.* Este pequeño bar con DJ pincha música electro y ofrece una gran variedad de cócteles en un ambiente *chic* y relajado. Clientela internacional.

30 **Mammacoffee** - **E5** - *Vodičkova 6* - Ⓜ *Můstek* - ✆ *773 337 309 - www. mamacoffee.cz - de 08:00 a 22:00 h, sá. y do. de 09:00 a 20:00 h.* Esta cadena, que cuenta con seis locales, se ha convertido en una visita obligada para los amantes del café. Amplia gama de sabores con productos ecológicos. Excelente selección de pasteles y postres, así como de aperitivos salados.

34 **Glass Bar** - **D6** - *Jiráskovo náměstí 6* - Ⓜ *Karlovo náměstí* - ✆ *737 282 879 - www.glassbar.cz - de 10:00 a 22:00 h.* Este bar no tiene nada de extraordinario, aparte de su ubicación en lo alto de la Casa danzante. Desde aquí se puede admirar la ciudad.

(A)Void Café a orillas de la Vltava.

Vyšehrad

Mapa extraíble

㉘ Hospůdka Na Hradbách - **E8** - 🕐 *Dónde comer pág. 94.* Durante tu visita a la fortaleza, puedes saciar tu sed en esta cervecería al aire libre, escondida en un rincón de las fortificaciones, para disfrutar de las impresionantes vistas sobre la ciudad.

Vinohrady y Žižkov

Mapa extraíble

⑨ La Bohème Café - **F5** - *Sázavská 2031/32* - Ⓜ *Náměstí Míru*, 🚊 *11 Vinohradská tržnice* - 🕿 *730 126 990* - *www.labohemecafe.cz* - *de 08:30 a 20:00 h.* El ambiente es tan elegante como la carta de tés, cafés y chocolates calientes. Acompañados, por supuesto, de un gofre, una tarta de zanahoria u otros pasteles.

㉔ Erhart Café - **H5** - *Vinohradská 125* - 🚊 *11, 13 Radhošťská* - 🕿 *273 130 574* - *www.erhartovacukrarna.cz* - *de 10:00 a 19:00 h.* La hermana pequeña de la pastelería Letná (Milady Horákové 56 y en el pasaje U Nováků, Vodičkova 28), el local tiene una elegancia sobria y ligeramente retro. Los pasteles son bonitos de ver y deliciosos de comer. ¡Toda una institución!

㉕ Blatouch - **F6** - *Americká 17* - Ⓜ *Náměstí Míru* - 🕿 *222 328 643* - *www.blatouch.cz* - *de 12:00 a 23:30 h, vi. y sá. hasta las 00:30 h, do. hasta las 23:00 h.* En la tradición de los cafés literarios de Praga, este ofrece una buena selección de vinos, comida sencilla, ideal para una comida ligera, y una carta de pasteles que hará las delicias de los *gourmets* (excelente tarta de queso).

26 Café Sladkovský - **G6-7** - *Sevastopolská 17* - 🚊 *4, 22 Krymská o Ruská* - ☎ *776 772 478* - *www. cafesladkovsky.cz* - *de lu. a sá. de 16:30 a 00:00 h, do. desde las 11:00 h.* Este pequeño café es, ante todo, un escenario cultural con un rico programa. Aquí se reúnen estudiantes, intelectuales y lugareños. Sirve la interesante cerveza Unětice, excelente café y comida.

27 Šlágr - **G6** - *Francouzská 72* - 🚊 *4, 22 Jana Masaryka* - ☎ *607 277 688* - *www.kavarnaslagr.cz* - *de 09:00 a 20:00 h.* La decoración, la música y el mobiliario de la *belle époque* te transportarán a la Primera República Checoslovaca. La exquisita repostería está entre las mejores de la ciudad.

31 Le Caveau - **G5** - *Náměstí Jiřího z Poděbrad 1561/9* - Ⓜ *Jiřího z Poděbrad* - ☎ *775 294 864* - *www.broz-d.cz* - *de lu. a sá. de 09:00 a 22:00 h, do. hasta las 20:30 h.* Con su toque francés, este bar de vinos se ha hecho conocido. También organiza conciertos de *jazz*. Una buena carta de vinos franceses y una excelente pastelería. Cuando hace buen tiempo, tiene una terraza al pie de la iglesia (otra dirección en Krymská 27).

33 Torre de la Televisión - **G5** - *Mahlerovy sady 1* - Ⓜ *Jiřího z Poděbrad* - ☎ *210 320 086* - *www. towerpark.cz* - *Bistro 66: de ma. a do. de 09:00 a 16:00 h.* Visible desde todas partes, se eleva sobre el Antiguo cementerio judío, que fue reimaginado

para albergar esta estructura futurista en forma de trípode. Tiene un bar, un hotel (ide una habitación!) y un restaurante en lo alto (Oblaca), así como un restaurante-jardín abierto cuando hace buen tiempo en la planta baja (Miminoo). El Bistro 66 es el lugar ideal para tomar una copa y disfrutar de una vista impresionante de la ciudad.

32 Dobra Trafika v Korunni - **G6** - *Korunní 1174* - 🚊 *10 Šumavská* - ☎ *737 907 635* - *www.dobratrafika.cz* - *de 08:00 a 23:00 h.* Pequeño café rústico, escondido detrás de un estanco y un quiosco de periódicos, frecuentado por clientela checa.

36 Altán Grébovka - **G7** - *Havlíčkovy sady 1369* - 🚊 *7, 24 Nádraží Vršovice* - ☎ *725 999 495* - *www.altangrebovka. com* - *de 12:00 a 22:00 h (sá. y do. desde las 11:00 h).* Idealmente situado sobre la colina Gröbovka, este café ofrece una vista impresionante de Praga.

Letná y Holešovice

Mapa extraíble

❤️ **5 Letenské sady** - **E2** - *Parque Letná* - *www.letenskyzamecek.cz.* - *de 11:00 a 23:00 h.* Bancos y mesas, algunas parrillas y, sobre todo, cerveza. El Beer Garden del Parque Letná es un lugar muy popular en los días soleados, con una magnífica vista de Praga.

10 Café Letka - **E1** - *Letohradská 44* - ☎ *777 444 035* - *www.cafeletka.cz* - *de 08:00 a 23:00 h.* De estilo *art nouveau*, setentero y algunos detalles que recuerdan a la época de los Habsburgo, este café es histórico: entre la mezcla de estilos se puede disfrutar de buena bollería, cafés, tés y limonadas caseras.

🛍️De compras

Las calles peatonales del centro (Celetná, Na Příkopě, Melantřichova, Kaprová en el lado de la Ciudad Vieja, o Mostecká, Nerudova y U Lužického semináře en Malá Strana) concentran gran parte de las tiendas de *souvenirs*. La mayoría venden gorras y camisetas, pero si buscas, encontrarás tiendas que venden artesanía local de buena calidad. Entre ellas, **cristal de Bohemia**y **juguetes de madera**, en particular, marionetas o **cerámica**. Y, por supuesto, no faltan los reconocidos **anticuarios**. En cuanto a **moda**, déjate sorprender por los diseñadores checos.

⚲ *Horarios* (pág. 120) y *Joyas de Bohemia* (pág. 148).

⚲ Utiliza los puntos numerados para localizar direcciones en nuestros mapas (p. ej. ❶). Las **coordenadas en rojo** (p. ej. **C2**) se refieren al mapa extraíble (dentro de la cubierta). Las direcciones también pueden aparecer en los planos de barrio, en cuyo caso lo indicaremos.

Ciudad Vieja

Plano del barrio págs. 20-21

Decoración

❶ **Modernista** - **E3** - *Náměstí Republiky 5* - Ⓜ *Nám. Republiky* - ✆ *222 002 102* - *www.modernista.cz.* Esta tienda ofrece una amplia gama de objetos decorativos de estilo secesión (¡necesitarás un gran presupuesto!), que incluye lámparas, muebles y algunas joyas. Un lugar imperdible.

❤ ❺ **Kubista** - **E3** - *Ovocný trh 19* - *Dům U Černé Matky Boží* - Ⓜ *Nám. Republiky* - ✆ *224 236 378* - *www. kubista.cz* - *de ma. a do.* Los amantes del cubismo pueden encontrar lo que buscan en la tienda del museo. Presupuesto elevado.

❻ **Material** - **E3** - *Tyn 1* - Ⓜ *Ungelt* - ✆ *608 664 766* - *www.i-material.com* - *de 10:00 a 18:00 h.* Pequeña *boutique* especializada en diseño moderno, con preciosos objetos de cristal de Bohemia.

Juguetes

❷ **Pohádka** - **E3** - *Celetná 32* - ✆ *224 239 469* - *www.ceskehracky.com.* Gran tienda de juguetes de madera, marionetas y muñecas con trajes tradicionales checos.

Antigüedades y segunda mano

❹ **Bric à Brac Antiques** - **E3** - *Tynska 7* - Ⓜ *Staroměstská* - ✆ *224 815 763* - *www.karlovylazne.cz.* Batiburrillo de placas publicitarias esmaltadas, máquinas de escribir, señales de tráfico de la época del Muro de Berlín, libros antiguos y otros objetos.

Cosmética

❸ **Manufaktura** - **D4** - *Melantrichova 17* - Ⓜ *Můstek* - ✆ *601 310 611* - *www. manufaktura.cz* - *otra dirección en el casco antiguo: Karlova 26.* Aquí podrás abastecerte de cosméticos checos elaborados con ingredientes naturales. Prueba el champú de cerveza y todo tipo de regalos.

Moda

8 **Parazit** - **D3-4** - *Karlova 25 - Ⓜ Staroměstská - ☎ 731 171 517 - www.parazit.cz - de lu. a sá.* Eva Dudasová Turková y Adriana Hajová escapan a las imposiciones de la moda. Además de sus propias creaciones, venden modelos de otros diseñadores.

9 **PÁR** - **D4** - *Skořepka 4* - Tram *1, 2, 12, 17, 18, 25 Karlovy lázně* - ☎ *608 099 278 - www.parprague.com - de 11:00 a 18:00 h, sá. de 12:00 a 19:00 h, do. de 12:00 a 17:00 h.* Unisex, de diseño, coloridas, cómodas y duraderas: ¡PÁR ha inventado las zapatillas del mañana!

10 **Iparos** - **E4** - *Rytířská 25 - Ⓜ Můstek - ☎ 733 166 440 - de lu. a sá.* Parte del Centro Cultural Húngaro, el local alterna exposiciones temporales y venta de artesanía y productos de diseñadores húngaros actuales. Desde gorros de lana hervida hasta monederos, hay muchas ideas de regalo para todos los bolsillos.

Discos

7 **CD Krakovska** - **D4** - *Jilská 452 - Ⓜ Můstek - ☎ 602 313 730 - www. shop.cdkrakovska.cz.* Una tienda para entendidos donde encontrarás una enorme selección de CDs y vinilos nuevos y de segunda mano de todos los géneros musicales.

Josefov

Plano del barrio pág. 29

Granates de Bohemia

12 **Granát Turnov** - **E3** - *Dlouhá 28 - Ⓜ Nám Republiky - ☎ 222 315 612 - www.granat.cz - de lu. a vi., sá. y do. por la mañana.* Colgantes, anillos, pulseras y collares de granates de Bohemia, directamente de la cooperativa artesanal Turnov.

Decoración

13 **Umělecké Sklenářství** - **E2** - *U milosrdných 14* - Ⓜ *Staroměstská - ☎ 737 666 851 - www.vitraz.cz - todos los días (fines de semana previa petición).* Fundado en 1935 por el famoso vitralista Josef Jiříčka, este taller está especializado en la restauración de objetos antiguos. Réplicas de piezas góticas, barrocas o *art nouveau*, pero también creaciones originales.

14 **Qubus Design** - **E3** - *Rámová 3 - Ⓜ Staroměstská - ☎ 775 708 090 - www.qubus.cz - de ma. a vi.* Con sus humorísticas creaciones en vidrio y porcelana, Maxim Velcovský se ha consolidado como la cabeza del diseño checo. Otra dirección es la *boutique* DOX (✆ *pág. 85*).

Vinos y licores

11 **Galería Kozí** - **E3** - *Kozí 9 - Ⓜ Náměstí Republiky - ☎ 224 815 848 - www.galeriekozi.cz - de lu. a vi. de 11:00 a 19:00 h.* Vinos y licores de todo el mundo llenan las estanterías de esta pequeña tienda. Pero los más curiosos se concentrarán en los vinos de Moravia, la absenta de Bohemia y algunos whiskies checos.

Malá Strana

Plano del barrio págs. 40-41

Cristal de Bohemia

♥ **15** **Artěl** - **C3** - *U Lužického semináře 7* - Ⓜ *Náměstí Republiky - ☎ 251 554 008 - www.artelglass.com.*

Preciosos objetos de cristal que combinan técnicas tradicionales con formas más innovadoras. Este establecimiento es un referente.

Moda y diseño

27 **Artisème** - **C3-4** - *Velkopřevorské nám. 4* - 🚋 *12, 20, 22 o 23 Hellichova* - ✆ *606 069 255* - *www.artiseme.com* - *de 10:00 a 19:00 h.* Detrás del muro de John Lennon, esta *boutique* de diseño tiene una pequeña cafetería situada en un jardín con árboles centenarios. Expone las creaciones de artistas checos: ropa, joyas y objetos de decoración muy bellos.

Barrio del Castillo

Plano del barrio pág. 48

Juguetes

17 **Hračky - Houpací kůň** - **B3** - *Loretánské náměstí 3* - 🚋 *22 Pohořelec* - ✆ *603 515 745* - *de 11:00 a 18:00 h.* Juguetes de madera, cajas de música, marionetas... ¡todo para volver a la infancia!

Ciudad Nueva

Plano del barrio págs. 64-65

Moda

❤ **19** **La femme Mimi** - **E5** - *Štěpánská 53* - Ⓜ *Můstek,* 🚋 *3, 9, 14, 24 Václavské náměstí* - ✆ *223 011 126* - *www.lafemmemimi.com* - *de lu. a vi.* Satenes, seda salvaje, algodón crudo. Con materiales nobles, Mimi Lang diseña conjuntos inspirados en el folclore asiático y la moda europea. Bisutería, bolsos y objetos de decoración.

Creaciones

23 **Harddecore Gallery** - **F3-4** - *Senovážné náměstí 10* - Ⓜ *Můstek* - ✆ *775 417 230* - *www.harddecore.cz* - *de ma. a vi. de 11:00 a 19:00 h, sá. hasta las 17:00 h.* Josefina Bakošová vende su línea de ropa minimalista *chic* y objetos creados por diseñadores checos en esta galería que parece el apartamento de un estudiante. Una oferta ecléctica en la que prima el humor y la provocación.

31 **Bohéma** - **E5** - *Palackého 7* - Ⓜ *Můstek* - ✆ *732 246 958* - *www.mojebohema.cz* - *de 10:00 a 18:00 h.* Camisetas, carteles y *tote bags* con iconos y personalidades checas, desde Kafka a los coches Tatra. Un recuerdo muy práctico.

32 **Cvrk** - **E4** - *Václavské náměstí 785/28* - Ⓜ *Můstek* - ✆ *777 999 788* - *www.cvrk.cz* - *de lu. a sá.* No te dejes desanimar por el nombre impronunciable de esta tienda. Cruzando el umbral encontrarás un sinfín de artículos que van desde bisutería, ropa, accesorios y otras piezas de decoración realizadas por más de setenta jóvenes diseñadores checos.

Cristal de Bohemia

24 **Moser** - **E4** - *Na Příkopě 853/12* - *Černá růže* - Ⓜ *Můstek* - ✆ *224 211 293* - *www.moser-glass.com* - *de 10:00 a 19:00 h.* Magnífica tienda que ofrece cristal de Bohemia y espléndida porcelana de Karlovy Vary, donde una fábrica los produce desde 1857. Una sugerencia para los que tienen un presupuesto ajustado. Otra tienda en la Plaza de la Ciudad Vieja.

Anna Chabyigina/Getty Images Plus

105

Bolas de Navidad elaboradas con cristal de Bohemia.

Carteles de películas

36 **Terryho Ponožky** - **E4** - *Vodičkova 791/41* - Tram *3, 5, 6, 9, 14, 24 Václavské náměstí* - ☏ *602 313 730* - *www.terryhoponozky.cz* - *de lu. a vi. de 12:00 a 17:30 h (fuera de este horario, los carteles pueden adquirirse en la taquilla del cine Svetozor, adyacente).* Venta de carteles y fotos originales de películas checas y extranjeras.

Foto

21 **Jan Pazdera** - **E5** - *Vodičkova 699* - M *Můstek,* Tram *3, 9, 14, 24 Vodičkova* - ☏ *224 216 197* - *www.fotopazdera.cz* - *de lu.a vi.* Una tienda muy bonita con equipo fotográfico antiguo de plata.

Libros antiguos

16 **Antikvariát Křenek** - **D4** - *Národní 116/20* - M *y* Tram *Národní třída* - ☏ *222 314 734* - *www.antikvariatkrenek.com* - *cerrado do.* Los coleccionistas, amantes de los mapas antiguos, grabados y libros bonitos encontrarán aquí lo que buscan.

Vinos y cervezas

26 **Cellarius** - **E5** - *Pasáž Lucerna, Štěpánská 61* - M *Můstek* - ☏ *224 210 979* - *www.cellarius.cz* - *cerrado do.* Degustación y compra. Elige vinos blancos secos checos (Ryzlink rýnský, Veltlínské zelené, Sauvignon, Pálava). Algunos productores: Košut, Špálek, Jedlička a Novák, Lahofer, Horst.

Centro comercial

28 Palladium - **E3** - *Na Příkopě 22 - Ⓜ Nám. Republiky - ✆ 225 770 250 - www.palladiumpraha.cz.* Es el mayor centro comercial de la ciudad. Está situado en la Plaza de la República y cuenta con más de 170 tiendas y 30 restaurantes. Muy popular entre los locales.

Vinohrady y Žižkov

Mapa extraíble

Moda

18 Pour Pour - **G5** - *Vinohradská 74 - ✆ 777 830 078 - @pourpourshop - de lu. a ju. de 10:00 a 19:00 h, vi. de 11:00 a 18:00 h, consultar sá. y do.* Junto a piezas de jóvenes diseñadores checos y artículos de segunda mano, encontrarás la colección Pour Pour. Moda casual y colorida.

Centro comercial

30 Atrium Flora - **H5** - *Vinohradská 151 - Ⓜ Flora - ✆ 255 741 704 - www. atrium-flora.cz - de 09:00 a 21:00 h (do. desde las 10:00 h).* Este centro comercial, con sus restaurantes, *boutiques* y espectáculos, se ha convertido casi en un destino en sí mismo. Una tienda de vinos muy fina (Vignobles Vinotéka) en el nivel 1.

Letná y Holešovice

Mapa extraíble

Moda y diseño

25 Nila Store - **F1** - *Milady Horákové 4 - 🚋 1, 12, 25 Strossmayerovo náměstí - ✆ 777 708 511 - www.nila.cz - de lu. a vi. de 10:00 a 19:00 h, sá hasta las 18:00 h. do. de 11:00 a 18:00 h.* Una exquisita selección de ropa, accesorios, cosméticos y artículos de decoración, cuidadosamente elegidos según criterios de calidad, ética y sostenibilidad. Otra tienda en Vinohrady (*Korunní 91*).

Mercado

22 Mercado de Holešovice (Pražská tržnice) - **G1** - *Bubenské nábřeží 306/13 - otra entrada por la calle Jatečná - 🚋 Pražská tržnice - ✆ 220 800 592 - www.holesovickatrznice.cz - Halle 22: de lu. a vi. de 07:30 a 17:00 h; sá. hasta las 14:00 h.* Este vasto mercado de 110 000 m² ocupa los antiguos mataderos (construidos en 1895), originalmente destinados a abastecer a la capital de productos de primera necesidad. Hoy alberga un mercado de alimentación (Halle 22), tiendas de segunda mano y ultramarinos, teatros y galerías. Todo ello animado por *food trucks* entre sus calles adoquinadas.

Salir por la noche

Entre la **Ciudad Vieja** (Staré Město), la **Ciudad Nueva** (Nové Město) y **Malá Strana**, no faltan oportunidades en el centro de Praga si lo que buscas es una discoteca, una sala de conciertos o un club de *jazz*: puedes encontrar todo tipo de oferta de ocio. El barrio del Castillo presenta pocas oportunidades para salir, aparte de románticos paseos a la luz de la luna. En cambio, se dice que en **Vinohrady** y, sobre todo, en **Žižkov**, se abre un bar nuevo cada día. Estos dos distritos albergan una popular vida nocturna, incluida la parte baja de la colina de Žižkov, bastión de la comunidad romaní. Además, los numerosos escenarios de Praga ofrecen una programación muy variada.

😊 *Dos taquillas en línea:* **www.ticketmaster.cz** *y* **www.ticketstream.cz**.

☾ **Utiliza los puntos numerados para localizar direcciones en nuestros mapas (p. ej. ❶). Las coordenadas en rojo (p. ej. C2) se refieren al mapa extraíble (dentro de la cubierta). Las direcciones también pueden aparecer en los planos de barrio, en cuyo caso lo indicaremos.**

Ciudad Vieja

Plano del barrio págs. 20-21

❸ Ayuntamiento (Obecní dům) - E3
- *Náměstí Republiky 5 -* Ⓜ *Nám. Republiky -* ☎ *222 002 107 - www. obecnidum.cz - taquilla: de 10:00 a 19:00 h.* Sede de la Orquesta Sinfónica de Praga (FOK), la Sala Smetana (1300 localidades) de la Casa Municipal también acoge a numerosos conjuntos extranjeros. Cuidado con la oferta desigual del programa: asegúrate de comprar una entrada para un concierto de la FOK o de una orquesta reconocida.

❤ **❶❻ AghaRTA Jazz centrum - E3**
- *Železná 16 -* Ⓜ *Můstek -* ☎ *222 211 275 - www.agharta.cz - de 19:00 a 01:00 h - entrada 300 Kč.* Una de las direcciones más populares de Praga y una de las más regulares en cuanto a calidad de programación.

Jam sessions todas las noches a partir de las 21:00 h. Desde cuartetos clásicos hasta *jazz* latino, fusión, *jazz* moderno y *funk jazz*, todas las variantes se pueden escuchar en las magníficas salas abovedadas. Este laberinto también incluye una tienda de CDs bien surtida.

Josefov

Plano del barrio pág. 29

❺ Roxy - E3 - *Dlouhá 33 -* Ⓜ *Nám. Republiky,* 🚊 *5, 8, 14 Dlouhá třída - ☎ 602 691 015 - www.roxy.cz - ma., vi. y sá. de 23:00 a 05:00 h (horarios variables, consultar).* Este club es el principal local musical de la ciudad. Una programación rica y variada de DJ, grupos de *rock*, *blues* y R&B, y artistas independientes de cierta reputación.

❻ Rudolfinum - D3 - *Alšovo nábřeží 12 -* Ⓜ *Staroměstská -* ☎ *227 059 227 - www.ceskafilharmonie.cz.*

Sala Smetana en la Casa Municipal.

Sede de la Orquesta Filarmónica de Praga, el Rodolfinum es sin duda el mejor lugar de la ciudad para asistir a un concierto de música clásica, bajo los bellos ornamentos de la Sala Dvořák.

Malá Strana

Plano del barrio **págs. 40-41**

7 **Klub Újezd 18** - **C4** - *Újezd 18* - 🚊 *6, 9, 12, 20, 22 Újezd* - 📞 *736 751 011 - www.klubujezd.cz - de 15:00 a 04:00 h.* Se dice que la fama de este bar pertenece al pasado, pero sigue siendo muy popular, sobre todo entre los aficionados al *rock*.

❤️ **15** **Jazz Dock** - **C5** - *Janáčkovo nábřeží 2* - 🚊 *6, 9, 12, 20 Arbesovo náměstí* - 📞 *774 058 838 -*

www.jazzdock.cz - de lu. a mi. de 17:00 a 02:00 h, ju. y vi. hasta las 03:00 h, sá. de 15:00 a 03:00 h, do. de 15:00 a 02:00 h. En un muelle rehabilitado, a través de las cristaleras se puede admirar el Teatro Nacional a un lado, la colina de Vyšehrad al otro, e incluso la vida nocturna del Moldava. Aquí actúan artistas de renombre internacional. Comida y bebida de calidad a precios razonables. Una o dos sesiones por noche, programa retro los domingos.

Smíchov

Mapa extraíble

MeetFactory - **Fuera del mapa por C8** - *Ke Sklárně 3213/15* - 🚊 *4, 5, 12, 20 Lihovar* - 📞 *251 551 796 -*

www.meetfactory.cz - de 13:00 a 20:00h (y noches según programa). Escena alternativa donde se codean músicos, artistas e intelectuales.

Ciudad Nueva

Plano del barrio págs. 64-65

① Lucerna Rooftop - E4 - *Štěpánská61 - Ⓜ Můstek, Ⓣⓡⓐⓜ 3, 9, 14, 24 Václavské náměstí - ☎ 604 707 688 - www.strechalucerny.cz - comprueba que el local ha reabierto antes de desplazarte.* Anunciada para verano de 2025, la reapertura de esta azotea, una de las más espectaculares de la capital, nos permitirá redescubrir, tras un largo cierre, su terraza multinivel de 1000 m² y su excepcional vista sobre los tejados del centro de la ciudad. Esperemos que el Lucerna vuelva a acoger los numerosos eventos que han forjado su reputación: lecturas, conciertos, exposiciones, proyecciones de películas o clases de yoga.

④ Imagen Black Theatre - D4 *- Národní 25 - Ⓜ Můstek - ☎ 222 314 448 - www.imagetheatre.cz.* Pantomima, danza, teatro, espectáculos de luz y sonido. La mejor dirección en su género, aunque es muy turístico. Reservar en temporada.

⑨ Vagon Music Club - D4 *- Palác Metro, Národní 25 - Ⓜ Národní třída - Ⓣⓡⓐⓜ 6, 9, 18, 22 - ☎ 733 737 301 - www.vagon.cz - lu. de 19:00 a 01:00h, de ma. a ju. hasta las 05:00h, vi. y sá. hasta las 06:00h, do. según programa.* Lejos de ser un club para turistas, aquí se baila al ritmo de éxitos de los años 70 a 90 y se ofrecen conciertos nocturnos (grupos checos).

⑩ Lucerna Music Bar - E4 *- Vodičkova 36 - Ⓜ Můstek, Ⓣⓡⓐⓜ 3, 9, 14, 24 Václavské nám. - ☎ 224 217 108 - www.musicbar.cz - horarios según programa.* Situado en el sótano del pasaje Lucerna, este bar acoge a grupos de *rock* y *jazz*. Los viernes, noches de los 80 o los 90. Después de los conciertos, el club se transforma en discoteca. A diferencia de las discotecas de la Ciudad Vieja o de la Plaza de Wenceslao, aquí la mayoría de la clientela es checa.

⑪ Salmovská Literární Kavárna - E6 *- Salmovská 16 - Ⓣⓡⓐⓜ 4, 6, 10, 16, 22 Štěpánská - ☎ 224 919 364 - www.salmovska.cz - de 18:00 a 22:30h (espectáculos a las 19:00h).* En este café, el programa va del *rock'n'roll vintage* al *folk* irlandés, de la poesía checa a las improvisaciones teatrales.

⑫ Vzorkovna - D4 *- Národní 339/11 - Ⓜ Můstek - www.vzorkovna.biz - de 19:00 a 04:00h, lu. y ma. de 20:00 a 03:00h.* Lugar de encuentro de checos, estudiantes extranjeros y turistas, jóvenes y mayores. Música en directo en una decoración *grunge* hecha con objetos reciclados, todo ello en un ambiente acogedor. Puedes probar las excelentes cervezas Únětice (rubia) o Chýně (oscura).

⑬ Radost FX - F6 *- Bělehradská 120 - Ⓜ IP Pavlova, Ⓣⓡⓐⓜ 4, 6, 10, 16, 22 - ☎ 778 407 374 - www.radostfx.cz - horarios según programa, consultar.* Una dirección de moda y de culto en el barrio. Cocina abierta (platos vegetarianos) toda la noche. Buen ambiente, sin cambios, pero bastante tranquilo para ser un bar nocturno. En el sótano hay una pequeña pista de baile.

J.Morc/Shutterstock

Concierto en Palác Akropolis.

Vinohrady y Žižkov

Mapa extraíble

8 **Kavarna Zanzibar** - F6 -*Americká 152/15* - ☎ *222 520 315* - *www.kavarnazanzibar.cz - de 08:00 a 23:00 h, sá. de 10:00 a 23:00 h, do. de 10:00 a 22:00 h.* Un bar moderno de colores cálidos e iluminación tenue, perfecto para los numerosos conciertos que se celebran aquí. El Zanzibar y sus cócteles se han convertido en un popular punto de encuentro en el barrio, frecuentado tanto por estudiantes praguenses como por la comunidad de expatriados.

14 **Palác Akropolis** - **G4** - *Kubelikova 27* - 🚊 *5, 9, 26 Husinecká* - ☎ *296 330 911 - www.palacakropolis.cz - consultar horario.* Una verdadera institución, este bar-club incluye una programación muy variada de música étnica, *jazz*, *rock*, *punk* y fado. Un local pequeño y acogedor, ideal para disfrutar de las estrellas internacionales que actúan aquí.

17 **Tiki Taky Bar** - **H4** - *Cimburkova 22* - 🚊 *5, 9, 26, 15 Viktoria Žižkov* - ☎ *777 719 056 - www.tikitaky.cz - de lu. a sá. de 19:00 a 03:00 h (vi. y sá. hasta las 05:00 h).* ¿Estamos en Praga o en algún lugar de las islas del Pacífico? Después de una o dos copas en el ambiente reconstruido de esta cabaña de paja hawaiana, puede que la respuesta no sea tan obvia. Cócteles honestos y económicos para saborear en un ambiente cálido.

Letná y Holešovice

Mapa extraíble

Cross club - **Fuera del mapa por G1** - *Plynární 7* - 🚊 *5, 12, 15 Nádraží Holešovice* - ☎ *736 535 053 - www.crossclub.cz - bar: de lu. a ju. de 11:00 h a 00:00 h, vi. de 12:00 a 02:00 h, sá. de 14:00 a 02:00 h, do. de 14:00 a 00:00 h; discoteca: de 18:00 a 05:00/07:00 h.* El club alternativo de Praga. Decorado con objetos reciclados, música electro, *punk* y *ska*.

Dónde dormir

Para estancias cortas, elige el **centro de la ciudad** para estar cerca de los museos y monumentos. Si te quedas una semana, opta por los barrios de **Vinohrady**, **Žižkov** o **Praga 6** (al este del barrio del castillo), bastante más económicos.

Los precios indicados corresponden a la temporada alta. Asegúrate de que los precios indicados son netos (desayuno e impuestos incluidos). Muchos hoteles ofrecen tarifas especiales al reservar por Internet.

☞ Localiza las direcciones en nuestros mapas utilizando los puntos numerados (p. ej. ❶). Las **coordenadas en rojo** (p. ej. **D2**) se refieren al mapa extraíble (en el interior de la cubierta).

Ciudad Vieja

Plano del barrio págs. 20-21

De 100 a 150 €

❽ **Pension Corto** - **E4** - *Havelská 15 - Ⓜ Můstek - ☎ 775 414 035 - 20 hab., 2500/3600 Kč* ☕ *- ✗. Escondido en uno de los edificios de la Plaza San Galo, en pleno casco antiguo, este hotel ofrece, por un precio aceptable, codearse con el pintoresco entorno de los soportales de la plaza y su iglesia barroca. Un inconveniente: el mercado diario a los pies del hotel es ruidoso.*

De 150 a 200€

❸ **INNSiDE Prague Old Town** - **EF2** *- Soukenická 25 - Ⓜ Nám. Republiky - ☎ 222 312 521 - www.melia.com - Ⓟ de pago - 90 hab., 3600/5700 Kč - ☕ 505 Kč - ✗. Hotel de diseño decorado con estilo situado a las puertas del casco antiguo, en una tranquila calle lateral. Habitaciones amplias y confortables, con vistas a un patio interior que las aísla del ruido. Evita las plantas superiores, donde los techos inclinados reducen considerablemente el espacio.*

Josefov

Plano del barrio pág. 29

De 100 a 150 €

❹ **Hotel Haštal** - **E3** *- Haštalská 16 - Ⓜ Nám. Republiky - ☎ 222 314 335 - www.hotelhastalprague.com - Ⓟ de pago - 25 hab., desde 2900 Kč - ✗. Este establecimiento familiar está situado cerca del Convento de Santa Inés, en una pequeña y tranquila plaza al borde del barrio judío. Es la parte más bonita y menos turística de Josefov.*

Malá Strana

Plano del barrio págs. 40-41

De 100 a 150 €

❼ **Hotel Constans** - **B3** *- Břetislavová 309 - 🚊 22, 12, 20 Hellichova - ☎ 234 091 818 - www.hotelconstans.cz - Ⓟ de pago - ♿ - 32 hab., desde 2430 Kč* ☕*. En una calle tranquila, habitaciones bien equipadas, amuebladas con gusto. Vigas vistas y bonitos suelos de madera.*

⑩ Pension Dientzenhofer - C4
- Nosticová 2 - 🚊 *12, 20, 22 Hellichova*
- 📞 257 311 319 - www.dientzenhofer.cz
- 🅿️ ♿ - 10 hab., desde 2500 Kč 🛏️*.*
Situado en una tranquila callejuela de
Malá Strana. La calidad de los servicios
y el encantador patio interior
contribuyen al éxito de una dirección
que, en consecuencia, suele estar
totalmente reservada. Reserva incluso
fuera de temporada.

De 150 a 200€

⑫ Hotel U Pava - C3 *- U lužického*
Semináře 32 - Ⓜ *Malostranská,* 🚊 *12,*
20, 22 Hellichova - 📞 *257 533 573*
- www.hotel-upava.cz - 🅿️ *de pago*
- 26 hab., 3000/4500 Kč 🛏️*.*
En un callejón que lleva al Puente
Carlos, un establecimiento con
encanto romántico.

Más de 200€

② Alchymist - C3 *- Tržiště 19 -* 🚊 *12,*
20, 22 Hellichova - 📞 *257 286 011*
- www.alchymisthotel.com - 🅿️ *de pago*
- 🏊 *- 45 hab., 5200/11 000 Kč* 🛏️ *-* 🍴*.*
Hotel rococó con 500 años de
antigüedad y declarado Patrimonio de
la Humanidad por la UNESCO.
Habitaciones espaciosas y
confortables. Bar en la calle abierto
a todos. Con todas las comodidades.

Barrio del Castillo

Plano del barrio pág. 48

De 150 a 200€

⑨ Hotel U Raka - A2 *- Černínská 10*
- 🚊 *22 Brusnice -* 📞 *220 511 100*
- www.hoteluraka.cz - 🅿️ *de pago -*
6 hab., 4500/6300 Kč 🛏️ *-* 🍴*.* Ubicado
en un edificio del siglo XVIII que
recuerda a los chalés de montaña,

este remanso de serenidad escondido
en el distrito de Nový Svět te hará
olvidar que te encuentras en el corazón
de una de las ciudades más turísticas
del planeta. Magnífico jardín.

Ciudad Nueva

Plano del barrio págs. 64-65

Menos de 100 €

⑲ AXA - F3 *- Na Poříčí 40 -* 📞 *227*
085 111 - www.axa-hotel.cz - 🏊 *-*
125 hab., 1900/2770 Kč 🛏️*.* Este hotel
conserva su estilo Bauhaus y su gran
piscina olímpica de los años treinta.
Un buen consuelo si te alojas allí en
verano, ya que las confortables
habitaciones carecen de aire
acondicionado.

De 100 a 150 €

① K+K Hotel Fenix - E5 *- Ve*
Smeckach 30 - Ⓜ *Muzeum -* 📞 *225 012*
000 - www.kkhotels.com - ♿
- 128 hab., 2500/5300 Kč 🛏️*.*
A un paso de la Plaza de Wenceslao y
del Museo Nacional, este céntrico hotel
ofrece un confort y un servicio
impecables. Destaca su generoso
desayuno *buffet*.

⑥ Mosaic House - D5 *- Odboru 4 -*
2, 3, 6, 14, 18, 22, 23, 24 Novoměstská
radnice - 📞 *277 016 880 -*
www.mosaichouse.com - ♿ *- 94 hab.,*
2500/6500 Kč - 🛏️ *404 Kč -* 🍴*.*
La preciosa fachada de mosaicos de
este hotel *boutique*, inaugurado en
2020, impresiona, al igual que su
política ecorresponsable.
La decoración del bar con «lámparas
medusa» hace juego. *Spa*, sauna,
masajes, patio verde y restaurante
de fusión asiática.

13 Hotel Salvator - E3 - *Truhlářská 10 - Ⓜ Nám. Republiky - ☎ 222 312 234 - www.salvator.cz - ♿ - 39 hab., 2100/4300 Kč 🛏 - 🍴* Patio interior muy agradable, habitaciones bien equipadas, amplias y limpias. Conjunto económico para la calidad de los servicios. Reservar en temporada alta.

Más de 200€

11 Hotel Imperial - F3 - *Na Poříčí 5 - Ⓜ Nám. Republiky - ☎ 246 011 667 - www.hotel-imperial.cz - 🅿 de pago - ♿ - 126 habitaciones, 3700/6200 Kč - 🛏 505 Kč 🍴* Construido en 1914, este lujoso hotel *art déco* es uno de los establecimientos más prestigiosos de la ciudad. Todas las habitaciones fueron renovadas en 2019.

Vinohrady y Žižkov

Mapa extraíble

Menos de 100 €

14 Pension Jana (Pension Domov Mládeže) - H6 - *Dykova 20 - Ⓜ Jiřího z Poděbrad, 🚋 16 y 10 Vinohradská Vodárna - ☎ 222 511 777 - www.dhotels.cz - 🅿 de pago - 26 hab., 1400/2200 Kč 🛏.* Una ganga para presupuestos reducidos. Mobiliario muy sencillo pero bien cuidado y acogida amable. En un barrio irresistible a 5 min en transporte del centro histórico.

15 Hotel Anna - G6 - *Budečská 796/17 - 🚋 10, 16, 91, parada Šumavská - ☎ 222 513 111 - www.hotelanna.cz - 27 hab., desde 1500 Kč 🛏 - 🍴.* Detrás de una atractiva fachada rosa, enclavado en una calle tranquila, esta dirección asequible no carece de

Mama Shelter.

Francis Amiand/Mama Shelter Prague

encanto. Una acogida agradable y habitaciones bien cuidadas.

18 Hotel Claris - G6 - *Slezská 26 - Ⓜ Jrřího z Poděbrad - ☎ 775 712 882 - www.hotelclaris.cz - 🅿 - 24 hab., 1140/2240 Kč 🛏.* Con habitaciones impecablemente cuidadas, este hotel es una apuesta segura en Vinohrady. Desayuno *buffet*.

Mama Shelter - Fuera de plano por F1 - *Veletržní 1502/20 - 🚋 6, 17, parada Veletržní, Ⓜ Vltavská - ☎ 225 117 111 - www.mamashelter.com - ♿ - 238 hab., desde 1916 Kč 🛏 - 🍴.* Cerca del Museo de Arte Moderno, presume de una decoración moderna, un servicio atento y un ambiente relajado, adecuado tanto para parejas como para familias. No te pierdas su terraza en la azotea.

INFORMACIÓN PRÁCTICA

Tranvía en la calle Nárondi.
tunart/Getty Images Plus

Planificar el viaje

Trámites de entrada

Documento de identidad - Para los ciudadanos europeos basta con un documento de identidad válido.

Visado – Los ciudadanos de la UE no lo necesitan.

Aduanas - En virtud del Acuerdo Schengen, no se efectúa ningún control al cruzar la frontera hacia un país de la Unión Europea.

Sin embargo, la circulación de determinadas mercancías (tabaco, alcohol, obras de arte, productos falsificados, etc.) está sujeta a restricciones.

Información – *https://sede. agenciatributaria.gob.es/Sede/ aduanas_.html*

Si vienes de fuera de la UE, debes pasar por la aduana y declarar las mercancías que traes.

😊*Ministerio de Asuntos Exteriores de España: exteriores.gob.es*

Llegar en avión

Rutas habituales

Desde Madrid unas 2 h 55 min de vuelo, desde Barcelona unas 2 h 30 min y desde Málaga unas 3 h 15 min.

Iberia - 𝒫 +34 913 33 67 01 - *www.iberia.com*. 1 o 2 vuelos al día entre Madrid, Bilbao o Barcelona y Praga.

Cada vez hay más vuelos operados por la compañía privada Smart Wings (*ver más adelante*), que aplica tarifas de bajo coste muy alejadas de los criterios de una aerolínea nacional.

Aerolíneas de bajo coste

Las reservas se hacen directamente en la página web de la compañía aérea; cuanto antes compres, más barato te saldrá. Ten en cuenta que los gastos de reserva varían de una compañía a otra.

Eurowings – *www.eurowings.com*. Vuelos desde Málaga, Bilbao, Fuerteventura, Lanzarote, Valencia, Alicante, Tenerife y Palma de Mallorca.

Smart Wings – *www.smartwings.com*. Compañía aérea checa que opera vuelos entre Praga y Palma de Mallorca, Fuerteventura, Lanzarote, Valencia, Alicante, Tenerife, Las Palmas de Gran Canaria o Málaga.

Vueling – *www.vueling.com*. Vuelos desde Barcelona y Bilbao.

Ryanair – www.ryanair.com. Vuelos desde Madrid, Palma de Mallorca, Sevilla y Málaga.

𝒞 *En avión (pág. 3).*

Dinero

Moneda - La unidad monetaria es la **corona checa** (*koruna česká,* código bancario CZK), convertible a un tipo de 24,90 Kč por 1 € en primavera de 2025. La corona checa se utiliza en billetes de 5000, 2000, 1000, 500, 200 y 100 Kč, y en monedas de 50, 20, 10, 5, 2 y 1 Kč.

Euro – En el ámbito turístico, los hoteles y restaurantes suelen utilizar el sistema dual corona checa/euro. No obstante, la adopción del euro no está en la agenda política de país.

Cambio - Los tipos de cambio en las oficinas de cambio cercanas a las atracciones turísticas –aeropuerto,

Plaza de la Ciudad Vieja (algunas abren 24 h), Plaza Malá Strana y Plaza de Wenceslao– no son los más indicados, mejor prueba en la de la calle Jindřišská y en la de Žatecká 8.

Advertencia: nunca cambies tu dinero en el mercado negro. El tipo de cambio no es mejor. Evita los cajeros automáticos que no estén respaldados por un banco (cuidado con las estafas). *Bancos (pág. 118).*

Tarjetas de crédito - Este medio de pago está muy extendido en Praga. Los cajeros automáticos aceptan las principales tarjetas internacionales (Visa, American Express, Eurocard Mastercard). Hay muchos en los alrededores de la Plaza de la Ciudad Vieja, la Plaza de Malá Strana y la Plaza de Wenceslao. No te costará mucho encontrar uno incluso fuera de las zonas turísticas

Teléfonos

Para llamar a Praga desde fuera del país, marca el código internacional (00) seguido del código de la República Checa (420) y un número de nueve dígitos.
Teléfonos (pág. 122).

Clima

Praga disfruta de un **clima continental**. Los inviernos son muy fríos, con mucha nieve entre diciembre y febrero, y a veces en marzo e incluso abril. Los veranos pueden ser muy calurosos, pero a menudo lluviosos. La primavera y el otoño suaves constituyen el momento ideal.

La **temporada turística alta** comienza con el fin de semana de Semana Santa y se extiende hasta finales de septiembre. Durante este período, las tarifas hoteleras y aéreas son elevadas.

Abril y mayo son los meses más agradables para visitar Praga, y también los más populares. Aunque los hoteles cobran tarifas bastante razonables (excluido el fin de semana de Semana Santa), hay muchos turistas.

Finales de septiembre y octubre son una buena época para evitar las aglomeraciones, aprovechar los últimos días de buen tiempo y beneficiarse de precios más atractivos. En invierno, a excepción de los fines de semana de Navidad y Año Nuevo, cuando aumenta el número de visitantes (y también los precios), se puede pasear tranquilamente por Praga, que es muy romántica con la nieve, pero puede hacer un frío glacial. Marzo y noviembre no son recomendables: la ciudad es triste y llueve con frecuencia.

Para saber más

Oficina Nacional Checa de Turismo
- www.visitczechia.com/es - Av. Pío 18 XII, 22 - 28016 Madrid - España - ☎ 913 592 527.

Oficina de Turismo de Praga

En la web – *www.prague.org*
Servicio de información telefónica
– ☎ (00 420) 221 714 714 - de lu. a vi. de 09:00 a 12:00 h y de 13:00 a 16:00 h (en inglés).
Oficinas de Turismo (pág. 120).

117

Tu estancia de la A a la Z

Bancos

Horarios - De 09:00 a 18:00 h los días laborables. Algunos también abren los sábados por la mañana.

Comisiones: varían en función del banco y del importe cambiado. En general, se aplica una escala móvil de comisiones. Los bancos tienen comisiones bastante ventajosas. Ten en cuenta que cuando las oficinas de cambio no cobran comisión, varían el tipo de cambio. Los cajeros automáticos son una forma cómoda de sacar dinero, pero hay que tener en cuenta que se cobra comisión por cada retirada.

Los cajeros automáticos de los bancos son preferibles a los numerosos cajeros de tiendas u hoteles, que cobran tarifas prohibitivas. En el aeropuerto, las tarifas para sacar dinero de los cajeros no son muy favorables, y se cobra un mínimo de unos 100 €.

Barcos

De abril a octubre abren varios puntos de alquiler de barcos entre el Puente de Carlos y el Teatro Nacional, y en el extremo norte de la isla Eslava. Puedes pagar 250 Kč por una hora en bote o por una barca a pedales. Si el ejercicio no entra en tus planes, opta por una pequeña embarcación a motor por 500 Kč/h (*www.slovanka.net*).

Bicicleta

La bicicleta puede parecer inadecuada en Praga, donde el clima suele ser duro y las calles empedradas y empinadas. Sin embargo, el ayuntamiento tiene una política de fomento del uso de las dos ruedas. Es necesario tener precaución, ya que muchos conductores aún no están acostumbrados. Está prohibido circular en bicicleta durante el día en ciertas zonas del centro de la ciudad en períodos de gran afluencia. La aplicación *Na kole Prahou* (Praga en bici) te mostrará siempre el itinerario más adecuado.

¡Que no cunda el pánico!

Teléfono de emergencia: ☏ 112.
Urgencias médicas: ☏ 155.
Policía: ☏ 158.
Comisaría 24 h: Jungmannovo náměstí 9 (cerca de la Plaza de Wenceslao) ☏ 974 851 750.
Médicos 24 h: ☏ 603 433 833 (Clínica Internacional de Praga - *www.doctor-prague.cz*).
Dentista: ☏ 777 245 775 (urgencias dentales).
Objetos perdidos: ☏ 224 235 085 (de lu. a vi.); en transporte : ☏ 296 191 817 (de 07:00 a 21:00 h).
Pérdida de tarjetas de crédito: Visa: ☏ 800 142 121; MasterCard: ☏ 800 142 494 ; American Express: ☏ 01 47 77 72 00.

Praga en E-Bike - Besední 2 (al sur de la isla de Kampa - **C4**) - ✆ 603 993 393 - *www.praguebyebike.com* - de abril a octubre de 10:00 a 14:00 h (máx. 8 pers.) - alquiler de bicicletas eléctricas: 590 Kč/5 h u 890 Kč/10 h. - excursiones: 1399/1499 Kč.
Los recorridos de 3 h ofrecen una buena panorámica de la ciudad (por el casco antiguo o sobre las huellas del comunismo y la Segunda Guerra Mundial). También se ofrecen recorridos privados a medida.
Además del alquiler tradicional de bicicletas, otras empresas ofrecen visitas guiadas en bicicletas eléctricas:
City Bike - Královdorská 5 (**E3**) - ✆ 776 180 284 - *www.citybike-prague.com* - de abril a octubre de 09:00 a 19:00 h - bicicletas clásicas: 350 Kč/2 h, 700 Kč/24 h; bicicletas eléctricas: 450 Kč/2 h, 850 Kč/24 h.
Praha bike - Dlouhá 24 (**E3**)- ✆ 732 388 880 - *www.prahabike.cz* - de mediados de marzo a mediados de octubre de 09:00 a 20:00 h; resto del año de 10:00 a 17:00 h - 340 Kč/h y 440 Kč/día, bicicleta eléctrica: 540/890 Kč y 840/1300 Kč.

Correos

Horario – Generalmente de 08:00 a 19:00 h de lu. a vi., de 08:00 a 12:00 h o de 09:00 a 13:00 h los sá.
En la Ciudad Nueva, la **oficina central de correos**, en Jindřišská 14 (🗺 *mapa págs. 64-65*), abre todos los días (de 02:00 a 00:00 h).
Los **sellos** se pueden comprar en las oficinas de correos (*pošta*) y en la mayoría de las tiendas de recuerdos que venden postales. El franqueo cuesta 44 Kč (aprox. 1,75 €) para enviar una postal o una sola carta al extranjero. El correo llega a España en unos 3 o 4 días.

Días festivos

1 de enero: Año Nuevo
Lunes de Pascua
1 de mayo: día del Trabajo
8 de mayo: día de la Liberación
5 de julio: fiesta de los Santos Cirilo y Metodio
6 de julio: aniversario del martirio de Jan Hus
28 de septiembre: fiesta de San Wenceslao, patrón del pueblo checo, y día del Estado checo
28 de octubre: día de la Independencia (Día Nacional)
17 de noviembre: aniversario de la batalla por la libertad y la democracia
24 de diciembre: Nochebuena
25 y 26 Diciembre: Navidad

Embajadas

Embajada de España – Badeniho, 4 (17000 - Praga 7) - ✆ 00420 233 097 211 emb.praga.info@maec.es - de lu. a vi. de 09:00 a 13:00 h, solo con cita previa.

Electricidad

La corriente eléctrica funciona a 220 V y 50 Hz. Los enchufes checos son iguales que en España.

Etiqueta

Espectáculos - Si vas a un concierto, a la ópera o al teatro, debes saber que se exige vestir adecuadamente, ya que los checos son muy apegados a esta costumbre. Deja tus bolsos y chaquetas en el guardarropa:

no es costumbre ponerlos en el asiento de al lado ni dejarlos sobre el regazo.

Horarios

Tiendas - La mayoría de las tiendas abren de 08:00 o 09:00 a 18:00 h los días laborables, y hasta las 13:00 o 14:00 h los sábado. En las zonas turísticas y centros comerciales, muchas tiendas abren los fines de semana hasta altas horas de la noche.

Museos y monumentos - Por norma general, salvo raras excepciones como el Museo Nacional, los museos y monumentos cierran los lunes y festivos. Los museos, iglesias y otros lugares dejan de vender entradas una hora antes del cierre.

Farmacias - de 07:30 a 18:00 h (a veces con una pausa entre las 12:30 y las 14:00 h).

Dos farmacias abiertas 24 h:

Nové Město - Palackého 5 - ☎ 224 946 982 (Ⓜ Můstek, línea A o B).

Vinohrady - Belgická 37 - ☎ 222 513 396, *www.lekbelgicka.cz* (Ⓜ Náměstí Míru, línea A).

Oficinas de Turismo

Oficina principal - **D3** - Staroměstské náměstí 1 (en el ayuntamiento) - Ciudad Vieja - cada día de 09:00 a 19:00 h (de enero a marzo de 10:00 a 19:00 h). Oficinas anexas:

Ciudad Nueva - **E4** - Esquina de Na Můstku y Rytířská - de 09:00 a 19:00 h.

Torre de Petřín - **B4** – Petřínské sady – Malá Strana.

Aeropuerto – Terminales 1 y 2.

Pases turísticos

Hay dos tarjetas que ofrecen ventajas para los lugares turísticos o el transporte.

El **Cool Pass** (versión digital de la Prague Card), que da acceso a más de 70 sitios (64 €/pers. por un día, 88 € por dos días, 112 € por cuatro días y hasta 144 € por diez días), puede resultar rentable si piensas visitar varios monumentos y museos (algunos sitios no están incluidos, como el ayuntamiento). Depende de ti hacer tus propios cálculos. También incluye un recorrido turístico en autobús y un crucero fluvial, así como descuentos en las tiendas adheridas y una guía digital para descargar.

El Cool Pass puede adquirirse *online* en *www.praguecoolpass.com*, y de forma presencial en la Oficina de Turismo de Bohemia Central (Husova 156/21 - Ciudad Vieja - *plano págs. 20-21*).

El **Prague Visitor Pass** (48 h, 72 h o 120 h, 96/120/144 €, a descargar en la página web *www.praguevisitorpass.eu*), además de dar acceso a varios lugares, incluye todos los transportes públicos de la ciudad. Ten en cuenta que algunos monumentos, como el Museo Nacional, no están incluidos en el Visitor Pass.

Prensa

Si eres aficionado al papel, encontrarás algunos de los títulos de la prensa internacional, con un ligero retraso, en la casa de prensa Inmedio (Jungmannova 5, Ville Nouvelle - de lu. a vi. de 07:00 a 19:00 h, sá. de 08:00 a 13:00 h, do. cerrado).

Propina

A menudo, el servicio no está incluido en la factura. En este caso, añade alrededor de un 10 %.
Es costumbre redondear a la decena o veintena más próxima y anunciarlo al pagar. En las zonas muy turísticas, la propina suele estar incluida en la cuenta. Esta práctica no es legal, por lo que conviene estar atento, ya que el personal se da a veces a sí mismo una propina del 15 %, 20 % o más del total de la cuenta.

Restauración

El almuerzo suele consistir en sopa, un plato principal y una bebida.
El postre suele tomarse a última hora de la tarde con café o té.

El pan y las guarniciones pueden cobrarse aparte.
⊙ Propina.
⊙ Los placeres de la mesa (pág. 149).

Tipos de establecimiento

- *Pivnice*: bares de barrio en los que los checos pueden disfrutar de una pinta de cerveza y abundantes aperitivos (salchichas, queso en escabeche) por casi nada. Con el mismo espíritu de convivencia, los amantes del vino se encuentran en los *vinarná*.
- *Hospoda*: el equivalente a nuestras tabernas, es costumbre compartir mesa. Los más auténticos siguen fabricando su propia cerveza en el mismo local.
El menú es más elaborado que en el *pivnice,* pero la clientela es igual de animada.
- *Restaurace*: el restaurante tal y como lo conocemos, que ofrece platos

elaborados y especialidades de todo el país. Salvo en los establecimientos turísticos, rara vez se ofrecen menús; la elección es a la carta, y los platos y guarniciones pueden elegirse por separado.

Tabaco

Está prohibido fumar en lugares públicos.

Taxi

La normativa urbana impone tarifas por kilómetro y el uso de contadores. Sigue habiendo estafas, pero la situación ha mejorado.
¡Atento! El importe de la tasa debe estar escrito en la puerta del coche: si no es así, o si la cantidad mostrada te parece excesiva, elige otro vehículo (en 2025, la tasa era de 60 Kč). Cuando subas al taxi, comprueba la licencia del conductor en el parabrisas delantero y vigila de cerca el avance del taxímetro. Cuesta 28 Kč/km (tarifa fijada por el ayuntamiento). Si ves que el taxímetro va a toda velocidad, detén el vehículo y bájate.
Es posible que se aplique un recargo por el equipaje o un número elevado de pasajeros.
☺ Lo mejor es llamar a una empresa con buena reputación, como AAA (☎ 14014 o 222 333 222), preguntar en la recepción del hotel o acordar la tarifa con el conductor antes de partir.

Teléfonos

De Praga al extranjero:

☎ 00 + código del país (34 para España) + número de teléfono.

Llamadas nacionales

Para llamar a la República Checa desde Praga o viceversa, basta con marcar los nueve dígitos de tu interlocutor.

Tu móvil en el extranjero

Si eres ciudadano de la UE, podrás utilizar tu teléfono móvil en la República Checa sin costes adicionales (para llamadas locales y a tu país de origen). También podrás navegar por Internet dentro de un cierto límite (pregunta a tu operador).

Transporte público

☞ *Mapa de transporte público en el reverso del mapa extraíble.*

Información

Puedes visitar la web del transporte público en **www.dpp.cz** (en inglés y alemán).
Los puntos de información ofrecen mapas de la red. Los encontrarás en las estaciones de **Muzeum** (líneas A y C, de 07:00 a 21:00 h), **Můstek** (líneas A y B, de lu. a vi. de 07:00 a 18:00 h), **Nádraží Holešovice** (línea C, de lu. a vi. de 07:00 a 18:00 h) y **Anděl** (línea B, de lu. a vi. de 07:00 a 18:00 h).
En el **aeropuerto**, los mostradores de información de las terminales 1 y 2 (de 07:00 a 21:00 h) también venden billetes.

Billetes de transporte

Los conductores de autobús y tranvía no venden billetes. Puedes comprarlos en los quioscos o en las máquinas expendedoras de todas las estaciones de metro y algunas de tranvía (que suelen permitir el pago con tarjeta).

☺ *Si descargas la aplicación PID, podrás comprar tus billetes online por un módico precio. Compra un stock de billetes y actívalos cuando los necesites.*

El **billete** básico cuesta 30 Kč (para 30 min) o 40 Kč (para 90 min). Es válido para todos los medios de transporte, incluidos los transbordos, de día y de noche. Si piensas viajar mucho, debes saber que existe un **billete válido para 24 h** (120 Kč) o **3 días** (330 Kč).
Y si has optado por el **Prague Visitor Pass** (☞ *pág. 119*), puedes viajar con él. El transporte público es gratuito para los menores de seis años, y a mitad de precio entre los seis y los quince años. Debes validar tu billete en la entrada de las estaciones de metro y en el interior de los tranvías y autobuses. Al sacar el billete de la máquina, comprueba que lleva impresa la hora y tenlo a mano para enseñárselo a cualquier revisor que te encuentres por el camino.
El hecho de ser extranjero no exime del pago de la multa, 1500 Kč (1000 Kč si se paga de inmediato o en un plazo de 15 días).

Metro

Es limpio, rápido, seguro y casi totalmente subterráneo. El metro de Praga conecta varios barrios periféricos con el centro de la ciudad. Circula con mucha frecuencia, sobre todo en hora punta.

Identificación de estaciones

- Las estaciones de metro se identifican por su logotipo cuadrado. La mayoría de las estaciones de metro son profundas: se accede a ellas por largas escaleras mecánicas. La dirección corresponde a su terminal.

Un mensaje grabado anuncia el cierre de las puertas y la siguiente estación. Hay tres líneas de metro, reconocibles por su color:
- **línea A** (verde)
- **línea B** (amarilla)
- **línea C** (roja)

Horarios y frecuencias - El metro funciona todos los días desde las 05:00 a las 00:00 h, con un tren cada 3 o 4 min durante el día, y cada 5 o 10 min por la noche y los fines de semana.

Tranvía y autobús

Praga tiene muchos tranvías. Son una forma práctica y eficaz de desplazarse y descubrir la ciudad.

Horarios y frecuencias - Circulan todos los días de 05:00 h (04:30 h en el caso de los autobuses) hasta las 00:30 h, con circulación reducida por la noche y los fines de semana. Durante el día, suele haber un autobús o tranvía cada 5 o 10 min. Existe un **servicio nocturno** que te llevará adonde necesites entre las 00:30 y las 04:30 h, o más cerca de tu hotel. Al aeropuerto, en particular, se puede llegar en transporte público a cualquier hora del día o de la noche. Los números de los servicios nocturnos tienen dos o tres cifras y empiezan siempre por el 5.

Funicular

Lanovka, el funicular que une Malá Strana con la colina de Petřín forma parte del sistema de transporte público de la ciudad.

Horarios y frecuencias - Funciona de 09:00 a 23:30 h (23:20 h de noviembre a marzo). Frecuencia cada 10-15 min.

Visitas guiadas

A pie

La oficina de turismo de la Plaza de la Ciudad Vieja (*G pág. 119*) puede recomendarte guías. Puedes elegir la hora, el idioma y el tema del recorrido: ¡no lo dudes!
Algunas agencias:

AvantGarde Prague - Jáchymova 3 (1er piso) ℘ 226 235 080 - *www.avantgarde-prague.es*. Agencia que ofrece una amplia gama de servicios y asesoramiento.

Dorado Tours - Křižíkova, 52 - ℘ 223 014 740 - *www.personatravel.com*. Recorridos a pie, en autobús o una combinación de ambos.

En bicicleta eléctrica

G Pág. 118.

En barco

El río Moldava es navegado regularmente por lanchas motoras que realizan excursiones turísticas. Vendedores de cruceros, vestidos de marineros, suelen abordarte: tú eliges. Reserva asiento con antelación en las casetas que rodean el Puente de Carlos.

Agenda cultural

Eventos y espectáculos

Consulta *www.prague.eu*
(sección «Eventos»).

Enero
▶**Festival de música** de invierno:
ópera, conciertos clásicos, ballets.
▶**Bailes**: para el vals, principio de
temporada (incluido el baile austriaco
en el Palacio Žofín).

Febrero
Carnaval de Bohemia: desfiles de
máscaras y disfraces. El Palacio
Clam-Gallas se utiliza como escenario
para determinados eventos.

Finales de febrero - principios de abril
▶**Matějská pout**: parque de
atracciones en el parque de Výstaviště
(distrito de Holešovice) -
www.matejskapout.cz.

Marzo
▶**AghaRTA Prague Jazz Festival**:
desde 1992, este festival acoge a
músicos de *jazz* de talla internacional.
Los conciertos tienen lugar a lo largo
de varios meses - *www.agharta.cz*.

Abril
▶**Días de Cine Europeo**: selección de
películas producidas en Europa -
www.eurofilmfest.cz.
▶**Vyjížďky Lodí**: salidas por el Moldava
de los «viejos cascos» de Praga.
▶**Pálení Čarodějnic (Noche de
Brujas)**: el 30 de abril en la República
Checa se queman efigies de brujas en

las plazas de los pueblos. En Praga,
las fiestas se celebran en la isla de
Kampa y en la colina de Petřín.

Mayo
▶**Primavera de Praga**: desde
mediados de mayo hasta principios de
junio, el mayor acontecimiento musical
del año está dedicado a la música
clásica. Reserva tus entradas con
mucha antelación - *www.festival.cz*.
▶**Festival checo de la cerveza**:
a finales de mayo, con presencia de las
principales cervecerías checas,
gastronomía y conciertos en el Parque
Letná - *www.ceskypivnifestival.cz*.

Junio
▶**United Islands of Prague**:
a mediados de junio, festival de música
en las islas del Moldava -
www.unitedislands.cz.
▶**Tanec Praha (Danza Praga)**: última
semana de junio. Festival de danza
moderna - *www.tanecpraha.cz*.

Julio
Bohemia Jazz Fest: a mediados de
julio, Plaza de la Ciudad Vieja –
www.bohemiajazzfest.cz.

Julio-agosto
▶**Festival de verano de música
antigua (SFEM Festival)**: conciertos
de música barroca o renacentista
interpretada con vestimenta de época,
en el Colegio Marianum de la Ciudad
Vieja. Otros conciertos, a lo largo de
tres semanas, en diversos lugares
- *www.letnislavnosti.cz*.

Septiembre

Festival Dvořák: festival internacional de música que celebra el compositor praguense – *www.dvorakovapraha.cz*.

Octubre

▶**Mezi ploty**: festival de teatro y música; compañías de personas con diversidad funcional y artistas principales de Praga.

▶**Festival internacional de *jazz***: los grandes nombres se dan cita en el Reduta Jazz Club – *www.redutajazzclub.cz*.

▶**Festival de música clásica**: de octubre a noviembre, en el Castillo de Praga.

Noviembre

▶**Prague Sounds**: conciertos de música clásica, electrónica, músicas del mundo y *jazz* en varios escenarios al aire libre. Un festival con muy buena reputación - *www.praguesounds.cz*.

▶**Día de Difuntos**: el 2 de noviembre se encienden velas en las tumbas en memoria de los difuntos. En el cementerio de Olšany es donde mejor se ve esta celebración.

▶**Aniversario de la Revolución de Terciopelo**: el 17 de noviembre, la estatua de San Wenceslao se adorna con velas.

▶**Festival de música judía**: bailes, conciertos y exposiciones en Josefov - *www.zidovskyfestival.cz*.

Diciembre

▶**Fiestas de Navidad y fin de año**: en la Plaza de la Ciudad Vieja y en la Plaza de Wenceslao: mercado navideño, música, etc.

▶**Sumérgete en el Moldava**: el 26 de diciembre, cientos de praguenses se dan un chapuzón en el río y luego se calientan con absenta.

Exposiciones temporales

Malá Strana

▶**Valdštejnská jízdárna-Národní galerie** (Sala de Equitación Wallenstein - Galería Nacional) - Valdštejnská 1 - Ⓜ Malostranská - ☏ 236 003 135 - *www.ngprague.cz*.

Castillo

▶**Jízdárna Pražského hradu** (Picadero) - U Prašného mostu 55 - Ⓜ Malostranská - ☏ 224 373 368 - *www.kulturanahrade.cz*.

▶**Císařská konírna** (Caballeriza Imperial) - Pražský hrad, II. nádvoří (2.º patio del Castillo) - Ⓜ Malostranská - ☏ 224 373 312 - *www.kulturanahrade.cz*.

▶**Letohrádek královny Anny-Pražský hrad** (Pabellón de Verano de la Reina Ana) - Mariánské hradby 52/1, Hradčany - Ⓜ Malostranská - ☏ 224 372 327 - *www.ngprague.cz*.

Ciudad Vieja

▶**Městská knihovna** (Biblioteca municipal) - Mariánské náměstí 1 - Ⓜ Staroměstská - ☏ 222 113 555 - *www.mlp.cz*.

Palacio Kinský (Palais Kinský) – *ⓒ pág. 17*.

Ciudad Nueva

▶**Novoměstská radnice** (Ayuntamiento de la Ciudad Nueva) - *ⓒ pág. 74*.

PARA SABER MÁS

Vitral de estilo secesión en el Ayuntamiento.
Alphotographic/Getty Images Plus

Fechas clave

Siglo IV al I a.C. - Asentamiento de la tribu celta de los Boyos.
Siglo VI - Llegada de los pueblos eslavos.
Siglos IX y X - Los checos se imponen sobre las demás tribus eslavas.
Fin del siglo IX - El duque Bořivoj, de la dinastía de los Premislidas, establece su capital en la colina de Hradschin.
895 - Primer testimonio sobre Praga por el mercader Ibrahim ibn Yakub.
973 - Fundación del obispado de Praga.
Después de 1230 - Fundación de la Ciudad Vieja.
1257 - Fundación de Malá Strana.
Hacia 1320 - Fundación de Hradčany.
1346 - Praga, «capital» del Sacro Imperio Romano Germánico bajo Carlos IV.
1348 - Fundación de la Universidad Carolina y de la Ciudad Nueva.
1357 - Inicio de la construcción del puente de Carlos.
1380 - Epidemia de peste y pogromos.
1393 - Asesinato de Juan Nepomuceno.
1419 - Primera defenestración de Praga.
1420 - Primera cruzada contra los husitas.
1526 - Ascenso de los Habsburgo al trono de Bohemia.
1618 - Segunda defenestración de Praga; inicio de la guerra de los Treinta Años.
1620 – Batalla de la Montaña Blanca.
1744 y 1757 - Ocupaciones prusianas.
1784 - Unión de las cuatro ciudades praguenses (Hradčany, Malá Strana, Staré Město y Nové Město).

1848 – Primer Congreso Paneslavo y Revolución de Praga.
28 de octubre de 1918 - Proclamación de la República de Checoslovaquia.
15 de marzo de 1939 - La Wehrmacht entra en Praga.
1942 - Ola de terror tras el asesinato de Reichsprotektor Reinhard Heydrich.
Mayo de 1945 - Liberación de Praga.
25 de febrero de 1948 - «Golpe de Praga»: los comunistas toman el poder.
1968 - «Primavera de Praga».
1969 - Jan Palach se prende fuego en la Plaza de Wenceslao.
17 de noviembre de 1989 - Inicio de la Revolución de Terciopelo (*pág. 143*).
1 de enero de 1993 - Escisión de Checoslovaquia y nacimiento de la República Checa. Václav Havel se convierte en su presidente.
2004 - Adhesión a la UE.
2013 - Miloš Zeman, primer presidente elegido por sufragio universal directo.
2014 - Adriana Krnáčová se convierte en la primera mujer elegida alcaldesa de Praga.
2018 - Zdeněk Hřib, del partido Pirata, es elegido alcalde.
2020 - Retirada de la estatua del mariscal soviético Ivan Koniev, liberador de Praga en 1945.
2021 - Petr Fiala, del derechista Partido Cívico Democrático (ODS), se convierte en presidente del gobierno.
2023 - Bohuslav Svoboda (ODS) vuelve a ser alcalde de Praga.
2024 - El partido populista ANO, del exprimer ministro Andrej Babiš, gana las elecciones regionales.

La construcción de la ciudad

Castillo y pueblos

En el siglo IX, el príncipe Premislida **Bořivoj I** construyó **Levý Hradec** (el castillo de la orilla izquierda). Pronto, la sede principesca se trasladó al promontorio rocoso conocido como **Hradčany**. En el siglo X, al pie del acantilado del castillo se desarrolló una aldea comercial. En la otra orilla, tres caminos partían del vado del río, cada uno de los cuales originó un núcleo de edificaciones. Se construyó el primer puente de madera sobre el Moldava.

Staré Město y Malá Strana

Los asentamientos de la margen derecha se desarrollaron rápidamente. En el siglo XI ya se celebraba un mercado donde hoy se encuentra la **Plaza de la Ciudad Vieja**. Al lado, se construyó el **Tribunal de Týn (Týnský dvůr)**. El puente de madera fue reemplazado por uno de piedra hacia 1170. La red de calles se adaptó, en consecuencia, con el trazado de Karlova (calle de Carlos). **Staré Město** (la Ciudad Vieja) recibió su estatus de ciudad alrededor de 1230. A mitad del siglo, se rodeó de murallas y torres defensivas. El problema de las inundaciones se resolvió elevando el nivel del suelo, lo que explica los numerosos sótanos abovedados.

En el siglo XIII, la comunidad judía de la ciudad se reunió en el casco antiguo. Otakar II impulsó los asentamientos en la margen izquierda. El barrio adoptó el nombre de **Menší Město pražské** («Ciudad Pequeña de Praga»), que más tarde se convertiría en **Malá Strana**.

La expansión medieval

A mediados del siglo XIV, el emperador **Carlos IV** cambió la fisonomía de Praga. La **catedral gótica de San Vito** se levantó sobre Hradčany y se construyó un nuevo puente, **el Puente de Carlos**. Se desarrolló **Nové Město** (la Ciudad Nueva), con espacio suficiente dentro de sus murallas para contener la expansión de la ciudad. Las fortificaciones se ampliaron por la orilla de Malá Strana. Como residencia del soberano del Sacro Imperio Romano Germánico, Praga se convirtió en una de las ciudades más influyentes de Europa.

Palacios renacentistas y barrocos

En los siglos XVII y XVIII, los **palacios urbanos** se convirtieron en una construcción dominante de Praga. Cerca del castillo, el **Palacio Schwarzenberg** (1563) ilustra la exuberancia arquitectónica del Renacimiento en Bohemia. Al pie de la colina, el **Palacio Wallenstein**, un gran

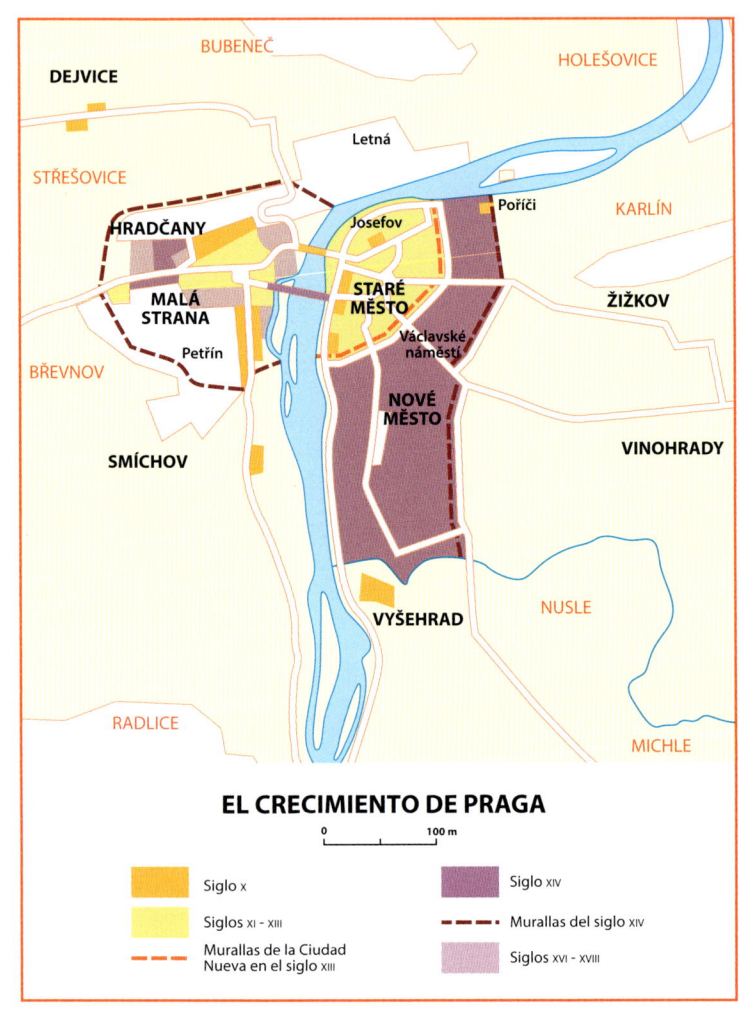

EL CRECIMIENTO DE PRAGA

0   100 m

Siglo X

Siglos XI - XIII

Murallas de la Ciudad Nueva en el siglo XIII

Siglo XIV

Murallas del siglo XIV

Siglos XVI - XVIII

complejo de edificios construidos en torno a un jardín hacia 1620, marcó la transición entre el Renacimiento y el Barroco (☞ *pág. 136*). Las residencias, a lo largo de las calles de la Ciudad Vieja y Malá Strana son más representativas de los hogares de los praguenses de la época. Muchas dan a **patios interiores**. Debido al limitado espacio disponible, se ampliaban con terrazas en las empinadas laderas de Hradčany y Petřín, que crearon algunos de los **jardines** más bellos del barroco.

Hacia una capital para la nación checa

En el siglo XIX , con el despertar nacionalista, la conciencia checa se afirmó y Praga despertó. Suburbios de clase obrera y media como **Smíchov**, **Žižkov** y **Vinohrady**, se extendieron más allá de las murallas de la ciudad, que dejaron de cumplir su función defensiva. Las orillas de la Ciudad Vieja y la Ciudad Nueva se acondicionaron como **paseos** y numerosos **puentes** se sumaron al de Carlos. Se erigieron imponentes edificios en lugares privilegiados: el **Museo Nacional** (1890), el **Teatro Nacional** (1883), el **Rudolfinum** (1884) y el **Ayuntamiento** (1911). Por doquier, monumentos y memoriales recordaban a los checos su historia y su identidad nacional: la estatua de San Wenceslao es el principal emblema. La primera línea de **tranvía** se inauguró en 1891.
Josefov, la ciudad judía, fue sometida a la brutal operación conocida como *asanace* (☞ *pág. 142*). Sus laberintos de casas fueron demolidas y sustituidas por edificios a lo largo de nuevas arterias que unían las orillas del río con el corazón del casco antiguo.

La ciudad moderna

Elegida para ser la capital del Estado de Checoslovaquia, fundado en 1918, Praga empezó a adquirir el aspecto de una metrópolis. La arquitectura progresista dotó al paisaje praguense de una variedad de edificios funcionalistas, como el **Palacio Veletržní**, y barrios de villas modernas. Cines, teatros y discotecas animan el laberinto de soportales que rodea la Plaza de Wenceslao .
En 1945, cuando la ciudad fue liberada, gran parte de la Plaza de la Ciudad Vieja estaba en ruinas.
En cuanto a urbanismo, los soviéticos no aportaron gran cosa a Praga, aparte de la **carretera de circunvalación** que atraviesa el centro de la ciudad de norte a sur, entre Nové Město y Vinohrady. La libertad recobrada de Praga tampoco se tradujo en una renovación arquitectónica, ya que la mayoría de los recursos de la ciudad se dedicaron a restaurar los barrios históricos y renovar las zonas residenciales. El edificio más polémico fue la **Casa Danzante** (1996), diseñada por el arquitecto californiano **Frank Gehry** y el checo **Vlado Milunić**.
En los albores del siglo XXI, la construcción de dos **centros comerciales** en barrios abandonados, el Nový Smíchov (Ⓜ Anděl) y el Atrium Flora (☞ *pág. 106),* entusiasmó a los praguenses, al igual que la inauguración del edificio de Primark en la Plaza de Wenceslao en 2021.

El Renacimiento praguense

El emperador **Rodolfo II de Habsburgo** (1576-1612) huyó de Viena y trasladó su corte a Praga en 1583, donde fomentó las artes.

Arquitectura

Los intereses de Rodolfo II se centraban más en la pintura y la escultura que en la arquitectura. Sin embargo, los edificios de Praga ya estaban influenciados por las nuevas ideas del Renacimiento. La transición del gótico al nuevo estilo es notable en el **Salón de Vladislao** del Antiguo Palacio Real (*pág. 46*). El **palacio real de verano** (*pág. 49*) es de estilo típico de la arquitectura del norte de Italia.

El esgrafiado

La técnica del esgrafiado fue importada por artesanos italianos que trabajaron en Praga durante el Renacimiento. Se aplicaba una fina capa de mortero sobre otra más oscura, y luego se raspaba la superficie para revelar el diseño. Entre los motivos favoritos se encontraban las imitaciones de piedra tallada, como las molduras de diamante del **Palacio Schwarzenberg** (*pág. 50*), en la Plaza Hradschin, o las escenas mitológicas, como en la **Casa del Minuto** (*pág. 16*), en la Plaza de la Ciudad Vieja.

La aristocracia adoptó con entusiasmo el nuevo estilo al construir o renovar sus palacios. Muchas de las fachadas góticas se adornaron con motivos renacentistas. Poco a poco surgió un estilo renacentista propio de Bohemia, caracterizado por altos frontones con atrevidas volutas, grandes cornisas y **esgrafiados**, como en el Palacio Schwarzenberg, que se ha convertido en un magnífico ejemplo.

La escuela de Praga

La reputación de la corte de Rodolfo II atrajo a numerosos pintores y escultores de toda Europa. Praga, animado centro artístico, produjo obras en el estilo del **manierismo tardío**, caracterizado por la distorsión y el alargamiento de las formas, que sin embargo siguen siendo gráciles, como en *Minerva conquista la ignorancia*, de Bartholomeus Spranger (expuesto en el Kunsthistorisches Museum de Viena).

La influencia del emperador fue decisiva para el establecimiento de la Escuela de Praga. Reunió una rica colección de cuadros de los grandes maestros italianos (Veronese, Tintoretto, Leonardo da Vinci) y de pintores flamencos (Bruegel, Dürer). Rodolfo hizo copiar los cuadros que no pudo adquirir. Joseph Heintz el Viejo, por ejemplo, hizo una serie de copias de Tiziano.

El Palacio Schwarzenberg con detalle esgrafiado.

En 1590 se creó la Escuela de Praga en torno a los pintores **von Aachen**, **Spranger** (1546-1611) y **Heintz**, el escultor **Adriaen de Vries** (c. 1560-1626) y el milanés **Giuseppe Arcimboldo** (1527-1593), famoso por sus cabezas compuestas de frutas, flores, verduras y otros elementos. El arte también servía a la propaganda imperial. La mitología y la alegoría ayudaban a promover el prestigio del emperador. Muchas obras representan el dominio simbólico de Rodolfo II sobre el mundo natural y político.

Dentro de la Escuela de Praga también se desarrollaron la pintura de paisajes, la naturaleza muerta y la representación de animales. Rodolfo II apreciaba especialmente los accidentados y misteriosos paisajes alpinos de **Roland Savery** (1576-1639). La abdicación y muerte de Rodolfo II marcaron el fin de la Escuela de Praga. Las cerca de 3000 obras adquiridas por el emperador fueron dispersadas, saqueadas y vendidas. Hoy en Praga solo queda una pequeña muestra de ellas.

El Barroco

Asociado a la recatolización forzosa del país, el estilo barroco fue inicialmente rechazado, pero poco a poco fue encontrando partidarios. Como en el pasado, muchos artistas, arquitectos y artesanos llegaron del extranjero. A partir de 1700, el **Barroco bohemio** mostró una fuerte personalidad. Los primeros veinte años del siglo XVIII fueron uno de los períodos más gloriosos del arte praguense. A finales de siglo, Praga había adquirido su encanto característico.

Arquitectura

Podría decirse que el más importante de los primeros edificios barrocos de Praga fue la **Iglesia de San Salvador del Clementinum** (✆ pág. 25), que se inspiró en la iglesia jesuita del Gesù de Roma. Otro hito de esta primera época fue la monumental **Puerta de Matías**, en la entrada oeste del Castillo, obra de Giovanni Filippi en 1614. El **Palacio Wallenstein** (✆ pág. 42) es de estilo barroco con su notable *Sala terrena* de techos pintados y estatuas de jardín. En las afueras de Praga se alza el **Palacio Trója** (✆ pág. 84) construido entre 1679 y 1691 por el borgoñón **Jean-Baptiste Mathey** (1630-1695). Mathey siguió el modelo francés: un edificio central flanqueado por alas y pabellones simétricos. El palacio forma un conjunto armonioso con sus extensos jardines: los elementos se integran en el edificio mediante una terraza abalaustrada y una doble escalinata adornada con suntuosas estatuas.

El **paisajismo** es también una característica del corazón de la ciudad: en Malá Strana, las fincas palaciegas se convirteron en jardines aterrazados, creando una franja verde casi continua bajo el Castillo y a los pies de la colina Petřín.

A partir de 1710, muchos edificios religiosos presentaron una arquitectura fantástica inspirada en la obra de los italianos Borromini y Guarini. Los muros ondulantes y la profusión de detalles ilustraron una nueva concepción del espacio arquitectónico, combinada con un dominio de los efectos dramáticos. Un símbolo de esta fase fue la **Iglesia de San Nicolás** (✆ pág. 38), una de las grandes iglesias barrocas de Europa Central. Obra de **Christoph Dientzenhofer** (1655-1722) y de su hijo **Kilián Ignác Dientzenhofer** (1689-1751), presenta una fachada cóncavo-convexa de gran virtuosismo y un suntuoso interior, bajo una inmensa cúpula de 74 m. La familia Dientzenhofer diseñó numerosos edificios en Praga.

Escultura

Praga está admirablemente adornada con estatuas barrocas en las fachadas de las iglesias, las puertas de los palacios y, sobre todo, con la metamorfosis del Puente de Carlos en un recorrido procesional, con su hilera de estatuas.

El primer escultor destacado del período barroco fue **Johann Georg Bendl** (1620-1680), quien, en compañía del pintor Karel Škréta (🅒 *ver más adelante*), es considerado el fundador de la tradición realista bohemia. Bendl consiguió combinar el arte del modelado con un sentido barroco de lo dramático inspirado en patrones romanos.

Sus sucesores, la mayoría de los cuales crearon las estatuas del Puente de Carlos, también se vieron influenciados por la escultura barroca romana, adaptándola a la luz más oscura de Centroeuropa y a los materiales tradicionales de Bohemia (como arenisca). Entre ellos, destacaron **Mathias Bernard Braun** (1684-1738) y **Ferdinand Maximilian Brokoff** (1688-1731). Este último fue discípulo de su padre Jan (1652-1718). De su taller salieron más de la mitad de las estatuas del Puente de Carlos. La obra del hijo se distingue de la de su padre por el vigor de su expresión y su audaz tratamiento de las formas, visible en los atlantes del Palacio de Morzin y en la tumba del Señor de Mitrovice en la Basílica de Santiago.

A veces llamado el Bernini bohemio, Braun no era inferior al joven Brokoff en la expresión de emociones intensas, como demuestra la estatua de Santa Lutgarda del Puente de Carlos.

La tradición barroca continuó en la escultura hasta mediados del siglo XVIII, cuando fue sustituida, como en el resto de Europa, por la gracia y el lirismo del estilo rococó. El interés general se dirigió entonces hacia las artes decorativas, dejando en un segundo plano las obras públicas.

Pintura

El pintor más famoso del barroco bohemio fue **Karel Škréta** (1610-1674). Convertido al catolicismo, se forjó un nombre gracias a sus cuadros de altar con dimensiones épicas, al servicio de una Iglesia entonces dominante. Su obra fue notable por su realismo. Otro converso al catolicismo, **Michael Willmann** (1630-1706), también dedicó su talento a su Iglesia adoptiva, alternando en sus cuadros de altar el realismo crudo y la espiritualidad contemplativa.

Jan Kupecký (1667-1740), protestante que se negó a convertirse, pasó la mayor parte de su vida en el extranjero. Sus retratos muestran una gran delicadeza psicológica.

Pete Brandl (1686-1735) fue el pintor más destacado del Barroco tardío a principios del siglo XVIII. Utilizaba colores brillantes y claroscuros audaces para crear efectos dramáticos pero realistas.

Tras el éxito de la decoración en trampantojo de la Sala de Ceremonias del Palacio Trója por los hermanos flamencos Godyn, la **pintura de frescos** se hizo muy popular en Praga. Su representante más brillante y prolífico fue **Václav Vavřinec Reiner** (1689-1743). El gran pintor de frescos vienés **Franz Anton Maulbertsch** (1724-1796) solo pintó el techo de la Sala de Filosofía de la Abadía de Strahov (🅒 *pág. 53*) de Praga, pero es una de sus obras maestras. **Norbert Grund** (1717-1767) ilustró la transción de los grandes temas y la intensidad expresiva del barroco hacia el intimismo del rococó.

Secesión y vanguardias

Secesión

En la encrucijada de los siglos XIX y XX, mientras el *art nouveau* florecía con diversos nombres en las capitales europeas, Praga vio surgir una versión nacional del movimiento, conocida como el estilo **secesión**, al igual que en Budapest y Viena. Tuvo una vida muy corta en la capital checa (finales de 1890-principios de 1910), pero muchos edificios tienen su seña de identidad: uso sistemático del vidrio, cerámica, hierro fundido, y decoración basada en motivos florales. Los ejemplos más representativos son el Grand Hotel Evropa (1903-1905), la estación principal de ferrocarril (1909), el casino U Nováků y su soberbio mosaico, (1904) y el Ayuntamiento, de 1912. Entre los arquitectos de este período, **Jan Kotěra** (1871-1923) fue el más influyente en Praga, pero es **Alfons Mucha** (1860-1939) quien ha pasado a la historia: inició el movimiento en Bohemia tras pasar muchos años en París, decoró edificios en Praga y creó las vidrieras del ala este de la Catedral de San Vito (⊙ *pág. 45*).

En el ámbito de la escultura, el monumento a Jan Hus (⊙ *pag. 14*) en la Plaza de la Ciudad Vieja es una creación poco convencional de **Ladislav Saloun** (1880-1946), alineado con el estilo secesión de Praga. Pero el escultor más original de la época fue **František Bilek** (1872-1941), uno de los pocos artistas que logró expresar el simbolismo en la escultura.

Cubismo y rondocubismo

Hacia 1910, el estilo secesión llegó a su fin, aunque artistas como Mucha siguieron trabajando en este estilo. Los vanguardistas formaron el grupo **Osma**, o Grupo de los Ocho. Entre ellos **Bohumil Kubišta** (1884-1918) y **Emil Filla** (1882-1963), que abrazaron con entusiasmo las ideas y técnicas del cubismo. Uno de los primeros cuadros cubistas checos fue *Fumador (Autorretrato)* de Kubišta.

Se desarrolló un movimiento arquitectónico cubista **checo** propio. En el mundo existen pocos ejemplos parecidos a la **Casa de la Madona Negra**, completada en 1912 por **Josef Gočár** (1880-1945), o a las villas y bloques de apartamentos de **Vyšehrad** de **Josef Chochol** (1880-1956). La influencia de estos arquitectos encuentró su eco en las artes decorativas, con muebles y cerámica de estilo cubista.

El escultor checo más importante del siglo XX fue **Otto Gutfreund** (1889-1927), un cubista convencido en sus primeras obras, aunque más tarde se decantó por el **civilismo** y **realismo objetivo**. Recibió junto a **Jan Štursa** (1880-1925), el encargo de la decoración escultórica del Banco de la Legión, de Josef Gočár, en la Ciudad Nueva. Terminado en 1932, el banco es un ejemplo del segundo estilo arquitectónico de Bohemia, el **rondocubismo**.

Un ejemplo monumental de rondocubismo es el Palacio Adria (☾ *pág. 70*). Este estilo se distinguió del cubismo por su evocación de la identidad eslava a través de formas y colores. Los jóvenes arquitectos consideraban superficial esta decoración nacionalista de los monumentos. Pronto cayó en el olvido, cuando los soviéticos intentaron borrar todo rastro de sentimiento nacional en Europa del Este. Dio paso a un nuevo enfoque basado en la apreciación de la funcionalidad de los edificios y las posibilidades que ofrecían los materiales modernos: acero, vidrio y hormigón.

Funcionalismo

El funcionalismo dejó su impronta en el período de entreguerras de la Primera República Checoslovaca. Los arquitectos funcionalistas adaptaron la forma de sus edificios a las funciones que debían cumplir, prestando especial atención a la disposición de los volúmenes. En 1928, la inauguración del Palacio Veletržní (☾ *pág. 82*) construido por **Oldřich Tyl** y **Josef Fuchs**, recibió reconocimiento internacional. Lo mismo puede decirse de la Plaza de Wenceslao, con el histórico Bat'a (☾ *pág. 60*) y los grandes almacenes Lindt, inaugurados en 1926 y 1929 respectivamente, obra de **Ludvík Kysela**, o villa Müller, de Adolf Loos, que siguen siendo ejemplos paradigmáticos de la arquitectura funcionalista.

Surrealismo

El surrealismo tuvo una breve aparición en las décadas de 1920 y 1930 con Josef Šíma (1881-1971) y su precursor František Janoušek.

El arte en la época del comunismo

Después de 1948, los comunistas se esforzaron por aprovechar el talento de los artistas al servicio del partido. **Max Švabinský** (1873-1962) desempeñó un papel similar al de Mucha en la Primera República, pintando retratos de héroes del régimen.

El artista más cercano a la tradición folclórica fue **Josef Lada** (1887-1957). Sus típicas escenas de vida aldeana y figuras rústicas están presentes por todas partes.

La mayoría de los edificios de la era comunista eran variaciones del funcionalismo. Sin embargo, en la década de 1970 surgió una nueva forma de **monumentalismo**, con edificios dominantes como el Parlamento checo y el Palacio de la Cultura de Vyšehrad.

La caída del comunismo en 1989 no generó la aparición de un estilo arquitectónico específicamente checo. ☾ *La construcción de la ciudad (pág. 131).*

Los judíos de Praga

Nacimiento de un gueto

La presencia de una comunidad judía en Praga es muy antigua. En el siglo XIII, unas cuantas calles al norte de la Plaza de la Ciudad Vieja quedaron aisladas: se formó una ciudad judía, encerrada entre murallas, donde las actividades de sus habitantes estaban reguladas por medidas discriminatorias. Hubo persecuciones recurrentes en la Edad Media, destacando la masacre de 1389.

Del siglo XVI al XIX: de la edad de oro a las expulsiones

A medida que el gueto crecía, algunos soberanos intentaron limitar su expansión. Las cosas cambiaron gracias al emperador Rodolfo II, que concedió al gueto su protección. La ciudad judía vivió una época dorada. La comunidad fue dirigida por grandes hombres como **David Gans** (1541-1613), **Marcus Mordechaï Maisel** (1528-1601) y el **rabino Loew** (c. 1520-1609), legendario creador del **Golem** (☞ *pág. 30*). En 1648, los judíos participaron en la defensa del Puente de Carlos, y el emperador Fernando III les recompensó con un estandarte. En 1744, acusados de colaborar con los prusianos, fueron expulsados. Más tarde, autorizados a regresar, la comunidad vivió un segundo período de prosperidad gracias al emperador **José II** y su Edicto de Tolerancia (1781). En honor al emperador, el gueto pasó a llamarse Josephstadt o **Josefov** (☞ *pág. 28*).

Germanización de la comunidad judía

José II, quien deseaba promover el alemán, obligó a los judíos a adoptar nombres germánicos y prohibió el uso del hebreo y del yiddish fuera de las sinagogas. Los judíos participaron en el desarrollo económico e industrial de Bohemia, y el florecimiento de la literatura alemana en Praga debió mucho a **Franz Kafka** (1883-1924), Max Brod, Franz Werfel y Johannes Urzidil.

Desaparición del gueto

A finales del siglo XIX, el gueto se encontraba en condiciones insalubres. Entre 1895 y 1913, el ayuntamiento puso en marcha el proyecto «**asanace**» (saneamiento). Solo se salvaron las sinagogas, el ayuntamiento judío y el cementerio, como ocurrió durante el período del protectorado alemán. Las riquezas saqueadas se almacenaron, como futuras piezas del proyecto nazi de «museo de una raza desaparecida». Se autorizó a eruditos judíos para inventariar los objetos, sentando las bases del actual Museo Judío. La comunidad se vio cruelmente afectada y, de los 40 000 judíos que vivían en la ciudad antes de la guerra, solo sobrevivieron 6000.

La época del comunismo

Los años oscuros

Tras la Segunda Guerra Mundial, el gobierno expulsó a casi 3,5 millones de germanoparlantes, incluidos los que habían luchado contra los nazis, y a los húngaros. El presidente Beneš acudió a la URSS y al **Partido Comunista de Checoslovaquia** (KSČ) en busca de apoyo. El 25 de febrero de 1948, los comunistas tomaron el poder en el «**golpe de Praga**».

Las manifestaciones masivas y el temor a una masacre conmocionaron a Beneš, que permitió la formación de un gobierno comunista. El único miembro independiente del gobierno, **Jan Masaryk**, murió al ser arrojado por una ventana (defenestrado). Se inició una oleada de emigración. En 1952, el secretario del partido **Rudolf Slánský**, responsable de numerosas purgas políticas, fue detenido junto con trece dignatarios comunistas acusados de dirigir la «conspiración sionista internacional». Tras un juicio amañado, once de los acusados fueron condenados a muerte. Miles de personas fueron perseguidas.

La primavera de Praga

La desestalinización comenzó en la década de 1960. Las víctimas de los juicios de los años cincuenta fueron rehabilitadas. El eslovaco **Alexander Dubček** se convirtió en el primer secretario de la KSČ y promovió **el socialismo con rostro humano**. En abril de 1968, sus reformas provocaron manifestaciones: la **Primavera de Praga**. Pero el 21 de agosto, 500 000 soldados del Pacto de Varsovia invadieron Checoslovaquia. El 16 de enero de 1969, en protesta contra la invasión soviética, el estudiante **Jan Palach** se prendió fuego. Miles de personas asistieron a su funeral. La llamada «normalización» dio lugar a una purga dentro del partido, pero la represión continuó. Estas medidas provocaron una segunda oleada de emigración masiva, seguida por el cineasta **Miloš Forman** y el escritor **Milan Kundera** (en 1975). No fue hasta unos diez años más tarde cuando la disidencia se alzó a través de la publicación de **samizdats**, una serie de panfletos clandestinos, y la fundación del movimiento **Carta 77**.

La Revolución de Terciopelo

La revolución de 1989 comenzó el día en que se conmemoraba la represión nazi del 17 de noviembre de 1939. Cuando los manifestantes decidieron cambiar el recorrido de la procesión, la policía reaccionó con violencia, desatando la indignación. No hubo más brutalidad después de eso. El 19 de noviembre se creó el Foro Cívico para coordinar las fuerzas de la oposición, dirigido por **Václav Havel** (pág. 67). Los días siguientes, hasta que se marcharon los comunistas, miles de manifestantes se turnaron para apoyar al Foro. El 29 de diciembre, Havel fue elegido presidente de la República.

Praga y la música

Los orígenes

La **música religiosa** desempeñó un papel destacado en el siglo XIV. Con las guerras husitas, la música checa comenzó a independizarse parcialmente de la influencia extranjera. A finales del siglo XVI aparecieron numerosas canciones patrióticas. Rodolfo II se rodeó de compositores extranjeros y los artistas checos se esforzaron por mezclar sus conocimientos con las influencias foráneas.

Este movimiento nacional duró poco: la agitación religiosa que siguió a la Batalla de la Montaña Blanca condujo a un dominio religioso sobre la música. Con Praga fuertemente controlada, fue en Moravia donde se desarrolló con mayor libertad, con **Jan Adam Questenberk** (1678-1752).

Los siglos XVIII y XIX: la renovación

En el siglo XVIII, Praga y Bohemia experimentaron un nivel de creación musical sin precedentes, que culminó con el estreno de *Don Giovanni*, de Mozart en 1787. El Conservatorio de Praga, el primero de su clase en Europa, abrió sus puertas en 1811, y en 1826 se estrenó una ópera checa, *Dráteník* de František Škroup (1801-1862). En 1834, compuso *Kde domov můj?* («¿Dónde está mi hogar?»), que se convirtió en el himno nacional checo.

La difusión de las ideas de la Revolución Francesa y el concepto de nación inspiraron a muchos compositores checos, entre ellos **Bedřich Smetana** (1824-1884). Se dio a conocer con sus canciones sobre las revoluciones de 1848. Su obra principal, *Má Vlast* («*Mi patria*»), se interpreta cada año en la inauguración del Festival de Primavera de Praga (☛ *pág. 126*).

Otra figura destacada de la música checa del siglo XIX fue **Antonín Dvořák** (1841-1904). Sus composiciones le llevaron a dirigir la Orquesta Filarmónica de Praga, fundada en 1896, y más tarde el Conservatorio.

El siglo XX

La **música judía y la gitana** contribuyeron al desarrollo de obras nacionales, como demuestran las composiciones de **Rudolf Karel** (1880-1945), antiguo alumno de Dvořák. Bajo la ocupación alemana, esta música fue prohibida, al igual que todas las obras de carácter demasiado nacional, como las de Smetana. El régimen comunista obligó entonces a los compositores checos a la marginación o a exiliarse.

El *jazz*, surgido a principios del siglo XX, fue prohibido por los nazis a partir de 1938, pero fue tolerado por los dirigentes comunistas hasta finales de los años sesenta. Hoy sigue siendo muy popular entre los habitante de Praga.

Una ciudad modelada por la música

Entre las campanas que suenan en las «cien torres» de Praga se encuentran antiguos **carillones** como el de **Nuestra Señora de Loreto**, perfeccionado en 1694 por Peter Neumann. Desde la Edad Media, especialmente en el Barroco, los **trompetistas** amenizaban las fiestas de Praga desde las galerías. En 1891, con motivo de la Exposición del Jubileo, **Dvořák** compuso fanfarrias para estas mismas festividades. Actualmente, la Banda de la Guardia del Castillo mantiene viva la tradición. A partir de 1715, se organizaron **procesiones musicales** en el río en honor de San Juan Nepomuceno, que fue arrojado al Moldava desde lo alto del Puente de Carlos. Zach, Jacob y Brixi compusieron una *musica navalis* que se interpretó durante todo el siglo en los barcos que navegaban por el río. La Iglesia de los Cruzados de la Estrella Roja es conocida por sus *sepolkra*, oratorios interpretados durante la Cuaresma. Durante una visita en 1787, la música litúrgica de la Abadía de Strahov cautivó a Mozart. Černohorský fue opacado por la música de iglesia. En sus años de juventud, Dvořák se ganaba la vida la vida tocando el órgano en la iglesia. Janáček también compuso para órgano. La Plaza de la Ciudad Vieja nos sumerge en un recuerdo musical más siniestro, con el memorial al compositor Kryštof Harant de Polžice, ejecutado el 21 de junio de 1621 junto a demás lideres de la rebelión de los Estados.

Salas de conciertos y de ópera

El **Teatro V Kotcích** se inauguró en 1737 y acogió la primera representación de una ópera cómica, *La serva padrona*, de Pergolesi. En Praga, el compositor Gluck presentó algunas de sus óperas. En 1781, el conde **Nostitz** comenzó a construir un teatro que presentó tres óperas a la semana. Su director, Štěpánek, hizo todo lo posible por promocionar las obras checas, pero no pudo evitar una programación exclusivamente en alemán. Por ello, los checos construyeron el **Teatro Provisional**, fundado en 1881, que poco a poco se integró en el **Teatro Nacional** y se consolidó como símbolo de la música checa. En respuesta, los alemanes fundaron en 1888 el **Nuevo Teatro Alemán**, actual Ópera Estatal. En un principio, ambos públicos se ignoraban mutuamente. Pero Mahler muy popular entre los alemanes, no fue rechazado por los checos. Después de 1918, el Nuevo Teatro Alemán abrió sus puertas a los checos. Construido entre 1904-1907, el **Teatro de Vinohrady** competía con el Teatro Nacional por la ópera. En el siglo XIX se abrieron varias salas de conciertos, entre ellas la construida en la **isla Eslava** en 1837 y el **Rudolfinum**, inaugurado en 1884. Durante el período comunista, cuando estaban prohibidas las reuniones, asistir a conciertos u óperas se convirtió en una forma de encuentro social, por lo que la vida musical adquirió una dimensión política.

El teatro de marionetas

Introducido en Bohemia en el siglo XVII, el teatro de marionetas se desarrolló en el siglo XIX. Al requerir pocos recursos financieros, escapó a la censura y llegó a un público popular utilizando la lengua checa. Como resultado, este teatro desempeñó un papel importante en el movimiento de concienciación nacional, entretuvo al público con diálogos llenos de humor y picardía.

Algunos personajes

El personaje de **Kašpárek**, nacido a principios del siglo XIX, es uno de los más emblemáticos de esta evolución. Originario de Praga, encarna el héroe positivo por excelencia: vividor, valiente y generoso, en búsqueda de justicia y de libertad. Sus aventuras se basan en tramas inspiradas por noticias locales. En la línea del guiñol francés y de sus bastonazos de la policía, es muy divertido con los desenredos entre Kašpárek y la autoridad.

Otras grandes figuras son la pareja **Špejbl** y su hijo **Hurvínek**. Creado por **Joseph Skupa** (1892-1957) en los años veinte, estas marionetas de hilo siguen gozando de gran popularidad en Praga. Inicialmente itinerantes, los espectáculos de Skupa se produjeron más tarde en Pilsen, en el Teatro Špejbl Hurvínek. Durante la ocupación, el teatro fue cerrado por la Gestapo y su creador encarcelado. Skupa reabrió el teatro en 1945, en la calle Dejvická, en Praga, donde se siguen representando obras para públicos de todas las edades. El diseño de los personajes ha cambiado poco desde su creación, mezclando rasgos grotescos con detalles poéticos. Las tramas se inspiran en la vida cotidiana y los problemas sociales, ofreciendo una visión crítica y humorística del mundo. El dúo añadió nuevos personajes: **Mánička**, amiga de Hurvínek, y el perro **Žeryk**, en 1930; la señora **Kateřina Hovorková**, abuela de Mánička, en 1971.

En la actualidad, la compañía, dirigida por Martin Klásek, cuenta con tres repertorios: uno para niños, otro para adolescentes y otro para adultos, en checo (*www.spejbl-hurvinek.cz*).

Hoy, en Praga

En el siglo XX se integró de manera oficial el teatro de títeres en la vida cultural, con la aparición del **Teatro Nacional de Marionetas**, la organización de festivales y la fundación del Departamento de Marionetas en la Facultad de Teatro de Praga. Desde la década de 1990, se ha producido un retorno a la tradición. El **Teatro Minor** (*www.minor.cz*) cuenta con numerosos talentos, entre ellos los directores **Markéta Schartová** y **Pavel Polák**, así como los diseñadores **Petr Matásek** (1944-2017) y **Pavel Kalfus**.

Joyas de Bohemia

Vidrio y cristal

El vidrio se utilizó por primera vez en el siglo XI. En el siglo XIV se realizaron obras como el mosaico del portal sur de la Catedral de San Vito. A finales del siglo XV, Praga era una ciudad abierta a las influencias extranjeras, lo que probablemente contribuyó al éxito internacional del **vidrio de Bohemia**. Los maestros vidrieros de la región se inspiraron en el famoso vidrio veneciano, pero pronto cambiaron a un tipo de vidrio más denso. El grosor de este material, que recuerda al cristal de roca, permitió a los vidrieros desarrollar el arte del grabado y luego del corte, que tuvo mucho éxito.

En el siglo XVII, la producción de **vidrio grabado** se expandió en Bohemia y la región exportó a muchos países. Sin embargo, este vidrio, también conocido como **cristal de Bohemia**, no tenía nada que ver con el cristal (vidrio con plomo) inventado por los ingleses en el siglo XVII.

Entre los siglos XVIII y XIX se fundaron las grandes empresas que todavía mantienen la reputación del cristal de Bohemia. El desarrollo del **vidrio coloreado**, los conocimientos de maestros vidrieros y la calidad de la arena utilizada en este cristal lo hacen tan especial que permiten a la región competir con las cristalerías más prestigiosas que utilizan el vidrio con plomo. Si bien el plomo se ha incorporado a parte de la producción de cristales de la República Checa, la tradición de vidrio tallado de Bohemia continúa en algunas empresas como **Moser** (☛ *pág. 105*).

El granate

En el pasado, se creía que el **granate de Bohemia**, o piropo, tenía propiedades curativas.

Su característico color rojo-marrón y la capacidad de reflejar la luz ha asegurado su popularidad a lo largo del tiempo.

Recogido inicialmente del limo de los ríos, empezó a exportarse a principios de la Edad Media. A finales del siglo XV se utilizaba con frecuencia para decorar **objetos litúrgicos**.

La gran época del granate de Bohemia comenzó durante el reinado del emperador Rodolfo II, coleccionista de esta piedra. A partir del siglo XVIII, el uso del granate de Bohemia en **joyería** fue muy común.

Empezó a desempeñar un papel importante en la composición de joyas hacia finales del siglo XIX, llegando a enmascarar casi por completo el metal del engaste. Con el *art nouveau*, las joyas se adornaron con motivos vegetales y se exportaron a muchos países. Actualmente, en Praga, los granates se montan a menudo de forma clásica, ¡aunque también es posible adquirir una piedra suelta y encargar su montaje a un joyero!

Los placeres de la mesa

La cocina checa es rústica y rica: salsas, patatas, nata, mantequilla y grasa de cerdo están presentes en el 90 % de los platos tradicionales. Para una comida más ligera, prueba las **sopas** y **caldos** (*polévka),* que suelen servirse como entrantes. La mayoría son caldos relativamente ligeros, pero hay otras variedades: sopa de verduras, por ejemplo, y sopas de patata o col bastante contundentes.

Aperitivos

En casi todos los distritos turísticos, especialmente en los **mercados de Semana Santa** y **Navidad**, encontrarás pequeños puestos que venden aperitivos checos, el más popular de todos es la salchicha de mostaza. Se presentan en distintas formas y tamaños, pero todas se sirven en una rebanada de pan integral con una pequeña capa de mostaza. En los mercados navideños, no dejes de probar el **jamón de Praga (prazská šunka),** una tradicional especialidad praguense: jamón cocido, seco y salado, que suele asarse en todos los eventos importantes de la ciudad.

Platos

El **codillo de cerdo** y el **asado de pato** son los principales platos nacionales. Además del *gul* *á* *š,* más representativo de Europa Central en general, los platos tradicionales son el *knedlo-vepřo-zelo*, a base de cerdo y col, y el *svíčková na smetaně*, un plato cremoso de ternera y verduras con arándanos.

El **ganso asado** (*pečená husa*) también es muy popular en Praga. La casquería incluye **hígados de cerdo** y **de ternera**, muy populares, y normalmente servidos empanados.

Acompañamientos

Los *knedlíky* son la guarnición más popular. Es imprescindible probarlos durante una visita a Praga. Los hay de varios tipos: de harina y huevo (*houskové*), de patata (*bramborové*), enriquecidos con hierbas o tocino. Leudada y cocida al vapor, la masa forma una especie de pan que se sirve cortado en rebanadas. La **col**, tanto roja como blanca (*zelí*), también acompaña la mayoría de las recetas. En los restaurantes, las guarniciones adicionales no son muy variadas y se limitan a distintas **recetas de patatas** (*bramborové*): fritas, en puré o en croquetas. Las **espinacas** (*špenát*) son casi siempre una opción disponible, pero la variedad de verduras es menos habitual, a diferencia de un restaurante de lujo.

Quesos y postres

Los quesos están prácticamente ausentes en los menús, y cuando aparecen, suelen servirse como aperitivos, empanados y fritos, o bien marinados en una salsa de vinagre y cebolla. El *nakládaný hermelín* (camembert marinado) puede ser una delicia si se prepara bien. De postre, prueba los *palačinky*: *crêpes* gruesos rellenos de fruta (a menudo manzanas) y terminados con chocolate fundido.

Sin embargo, los postres no son una costumbre frecuente, ya que los checos prefieren degustar un buen pastel en una cafetería o un *trdelník* (un brioche cilíndrico horneado a la brasa) en la calle. ¡Sigue su ejemplo!

Vinos

Producidos principalmente en Moravia, los vinos checos merecen ser descubiertos, sobre todo los **blancos**. Los vinos secos ofrecen una sorprendente gama de sabores, desde los *rieslings* minerales de *Rýnský ryzlink* (riesling del Rin) hasta los Sauvignon floridos, sin olvidar el *Pálava* y el *Rulandské modré* (*pinot noir*). También encontrarás suculentos **tintos**. Querrás probar variedades como la *zweigeltrebe*.

En los restaurantes, lo más habitual es que te ofrezcan un *frankovka*. Un poco espeso, pero ligeramente ácido, compensará bastante bien un plato graso como asado de cerdo o pato. Para una sensación más dulce o picante, recomendaría en su lugar el *Vavřinecké*.

Por último, cabe mencionar el *Burčak*, un vino joven de Moravia cuya llegada a la mesa, a finales de septiembre o principios de octubre, se celebra como la del *beaujolais nouveau* en Francia. Es muy dulce.

Al igual que en Alsacia y Alemania, los vinos se clasifican según su calidad: *Stolní víno* (vino de mesa), el de menor calidad; *Zemské víno* (vino local); *Jakostní víno* (vino de calidad), que corresponde a un vino producido en la región de origen de la uva; *Jakostní víno s přívlastkem* (vino de calidad con atributos), en cuya etiqueta puede figurar el nombre de cada variedad de uva utilizada siempre que su proporción alcance, al menos, el 15 %. Se distinguen: *Kabinetní víno* (vino de selección especial), *Pozdní sběr* (vendimia tardía), *Výběr z hroznů* (uvas nobles), *Výběr z bobulí* (bayas nobles), *Výběr z cibéb* (granos nobles), *Ledové víno* (vino de hielo) y *Slámové víno* (vino de paja).

Los *Pozdní sběr* garantizan un vino pleno de sabor y muy agradable al paladar.

Una cosa es segura: evita los *hospody* que sirvan cerveza si quieres degustar un buen vino y acude directamente a enotecas (◉ *pág. 106*).

Algunos viticultores de renombre: *Valihrach*, *Krásná Hora*, *Nestarec*, *Košut*, *U dvou lip*, *Mádl* (habitual en restaurantes), *Hort*, *Špálek*, *Lahofer*.

Cerveza

Con una media de casi 150 litros por habitante y año, los checos ostentan el récord mundial de consumo de cerveza, muy por delante de países como Alemania o Irlanda.

En la Bohemia medieval, el derecho a fabricar cerveza era uno de los privilegios más importantes que podía obtener una ciudad. A lo largo de los siglos, surgieron en todo el país numerosas cervecerías de prestigio, así como *hospody* (◉ *pág. 120*) que elaboraban su propia cerveza (así que no dudes en pedir una de barril).

Las marcas más conocidas que se consumen en la República Checa son

Puesto en la calle de venta de *trdelník*.

Budvar y *Plzeňský prazdroj* (Pilsner Urquell). En el barrio de Smíchov**, Staropramen**, fundada en 1869, sigue siendo la mayor fábrica de cerveza de Praga y la segunda de la República Checa, y organiza visitas guiadas a sus instalaciones (*www.staropramen.com*). Aunque es una marca emblemática, esta cerveza dista mucho de ser la preferida por los entendidos. Tendrás mejores experiencias con la intensidad amarga de la *Pilsner*, la dulzura de la *Bernard* o el carácter afrutado de la *Svijany*. Sobre todo, déjate tentar por las cervezas de pequeñas cervecerías como *Matuška*, *Kocour* o *Permon*. En muchos *hospody* te servirán una cerveza antes incluso de que la pidas. Luego una segunda y así sucesivamente hasta que decidas indicar al camarero que pare. Si lo olvidas, basta con colocar un posavasos delante para llamar la atención del camarero. Y si no eres muy aficionado, pide una cerveza pequeña (*malé pivo*).

Collection sous la direction de Philippe Orain

Redactora jefe de la guía :	Camille Bouvet
Coordinación editorial:	Hugo Lemaire
Editor	Éloïse Adde, Christine Barelly, Clarisse Bouillet, Mélanie Cornière, Renaud Dechamps, Françoise Dupont, Sandrine Favre, Gilles Guérard, Hervé Kerros, Mike Ivory, Anath Klipper, Juliette Tissot
Colaboradores de esta guía	Aura Mardari, Gabriel Dragu, Theodor Cepraga, Leonard Pandrea (**Cartografía**), Véronique Aissani, Carole Diascorn (**Cubierta**), Marie Simonet, Marion Capéra (**Iconografía**), Bogdan Gheorghiu, Cristian Catona, Hervé Dubois, Sandrine Tourari (**Preimpresión**), Dominique Auclair, Bénédicte Lathes (**Dirección**)
	Mapas de ciudades: © MICHELIN 2025 y © 2006-2018 TomTom. Todos los derechos reservados.
Diseño gráfico	Laurent Muller, Marie-Pierre Renier, Hervé Dubois (maquetación) Véronique Aissani (portada)

Titulo original: *Prague*

© 2025 MICHELIN Éditions, todos los derechos reservados

Para la edición española:
WS whitestar® es una marca registrada
propiedad de White Star s.r.l.

© 2025 White Star s.r.l.
Plaza Luigi Cadorna, 6
www.whitestar.it

Traducción: Ormobook

ISBN 978-88-540-5841-5
1 2 3 4 5 6 29 28 27 26 25

Impreso en Eslovenia